新装版

弘法大師空海「大日経開題」

仏の心を抱いて生きる

池口恵観

KK
ロングセラーズ

目次

一 御仏とは光そのもの

二　生きているものは皆、心に大日如来の光を抱いている

三　信じる心こそ、生きる力の源

四　仏を思うことは自分を思うこと

五　「大」の心で生きる

八 生きものすべてが満たされるとき、真の満足が得られる

九　祈りとは自分自身を磨くもの

十　良い音を聞き、良い声を発する

十一　煩悩の数だけ覚りが得られる

十二　祈りは届く

一

御仏とは光そのもの

我が身を見つめて仏の心をとり戻すために

人は、一人では生きられません。自分だけの殻に閉じこもって生きることはできないのです。

どうすれば、厳しい時代を生き抜いて、幸せを手にすることができるだろう。たくさんの人に、幸福への道を示すには、どのような言葉を伝えればいいのだろう。

私は、考えをめぐらせました。困ったときには、お大師さまの教えに帰ればよいと、初心に戻ってみました。

お大師さまは「心」について、たくさんの教えを説きました。しかし、みな基本は一つであります。

心とは仏さまがおられるところであるということです。その心はしかし、あまりに近すぎて見えません。見えないけれど、もっとも大切なものを知るために、お大師さまは言葉を変え、喩えを駆使して、後に続く私たちに伝えてくださいます。

お大師さまの著作をひもときながら、私はみなさまとともに「心」について、考えてみようと決めました。その「心」とは、「仏の心」であります。

私たちは、宇宙であり、生命の源である大日如来から分けていただいた生命です。一人ひとりが仏さまでありますが、自分の心におられる仏さまに気づかずに生きています。ホコリを溜めてしまって、仏さまの光が隠れていることにも気づきません。

もう一度、我が身を見つめて、仏さまの心を取り戻そうではありませんか。仏の心で、物事を計り、行動すれば、きっとよい結果が生まれます。せちがらいこの世では難しいという方も、どうぞ耳を傾けて、私の話を聴いて下さい。聴く耳から、幸せへの第一歩が始まります。

火こそ大日如来のパワー

いきなりですが、あなたは東京オリンピックを知っていますか?

昭和三十九年、西暦では一九六四年十月十日に開幕した、日本で初めてのオリンピックでした。抜けるような青空に、自衛隊のブルーインパルスが空に描いた五色の輪を忘れずにいる人は多いことでしょう。

焼け跡からわずか二十年足らずで、よくぞここまで復興したことよと、思ったのが、あのときの日本人の心でした。くじけずによかった、頑張ってきてよかったと思ったのでありました。

しかし、その後に生まれた人たちが、いま社会の中枢を担って活躍しているので、あの「感動」を知らない人も多いのです。

二〇一二年夏にロンドンで開かれた、オリンピックの開会式もまた、見ごたえのあるものでした。

今は厳しい時代になっています。世界中が、金融危機やら、雇用や老後やら、更にまた新型コロナ禍など不安に満ちた社会になっています。国家間の侵攻や紛争もあちこちで起きています。日本では、災害への不安もあります。いじめや問題教師、クレーマーと呼ばれる親たち、教育現場が荒れていますし、幼児虐待も増えています。

それだけに、いっそうあの時のスポーツの世紀の祭典の楽しさは心が弾みました。私が、とりわけ印象を受けたのは三つのことでした。

まずは、聖火です。

ランナーが開会式の最後に点火します。二百四か国というたくさんの参加国の名前を刻んだ花びらを象った銅の置物、と思ったのがじつは聖火台のしかけでした。

会場の床に円形に並べられた銅の花びらに火が灯りますと、これが起き上がって大きな聖火台になりました。

高々と燃え上がる炎をみていますうちに、そうだ、聖火はギリシャで太陽の光を集めて灯されたのだと、私の胸のなかで護摩炉から燃え上がる炎と一体になりました。火こそ、私たちが目にすることができる、大日如来のパワーであります。

二つ目は、医療をテーマにしたパフォーマンスがあったこと、三つめは、高齢のエリザベス女王が輝いていたことでありました。

まずは、聖火台で高く燃え上がっていた炎でありました。オリンピックが開かれるとき、いつも話題を集める聖火は、ギリシャで古式にのっとって、太陽から採られます。大きな円形の凹板に反射した太陽光が燃え上がり、松明に灯されます。そして、何人もの走者たちが掲げて走り継いで、オリンピックが開かれる国へと運ばれます。

暗い心を抱いている人たちに、一筋の明かりを届けられるのではないかと、私は聖火リレーに期待しました。

暗く、荒れた世相ではありますが、その一方で、大震災をきっかけに家族や地域の絆を見直そうという気持が、日本中に広がっています。思いやりや、老人や病人などへのいたわりの心がこれまでより見られるようになりました。

オリンピックは、世界の人々に、喜びや連帯を届けるよいお祭りになりました。スポーツは、勝負だけの世界ではありません。

勝者となるために、自分を磨き、対戦相手に敬意を払ったり、応援してくれる人たちへ感謝したり、何より世界中からさまざまな国の人たちが集まって、お互いを知り、交流する「心のフィールド」を広げるよい機会であります。

あのロンドン大会は、すべての競技に女性が参加した初めてのオリンピックになりました。これまで、イスラム教の戒律を理由に女性が参加できなかったサウジアラビアなど湾岸国が、このタブーに扉を開きました。

また、義足のランナーが、パラリンピックではなく、健常者と一緒に勝利を目指して走ることができました。「参加することに意義がある」という近代オリンピック精神がいっそう生かされた大会になったのです。

ロンドン・オリンピックの開幕を前に、予選初日を勝利した「なでしこジャパン」のキャプテン、宮間あやがチームメンバーに言ったそうです。

「お互いのために闘おう」

自分だけのためではない、チームメイトのためだと「お互いに」と言った心が、いいなと思いました。そこには心の交流があります。信頼があります。日本人が取り戻そうとしている心です。

現代日本では、スポーツへの関心が高くなっています。厳しいトレーニングで自分を磨いて、さらなる高みを目指すアスリートたちに、元気をもらいたいと願う人たちが増えてきたのです。

バブル時代のように、さして苦労しなくとも、おカネが回っていて、若者たちは浮かれ、苦労を嫌がりました。

しかし、この厳しい時代になって、努力すれば報われることを学び始めている人が増えてきました。ストレスからうつ病になったりする人も増えていますが、イキイキと働く人が増えれば、うつ病になる人も減っていくと、私は思っています。

「大日教」の教えに衝撃を受けたお大師さま

太陽の光を中心に展開されるスポーツの祭典は、密教の世界と重なります。密教は「大日如来」を最も尊い、すべての生命の源としている教えであります。大日とは、太陽のことであります。

『大日経』という経典があります。弘法大師空海、お大師さまが開いた真言密教で、もっとも尊いとされているお経です。仏教はインドで生まれ、中国・朝鮮半島を経て日本に入ってきました。

いまから千二百年以上も昔のことになります。このころ、日本では、まだ、よく知られていない『大日経』に、若きお大師さまは出会いました。そこに書いてある教えに、お大師さまは衝撃を受けたのです。

お大師さまは、当時のエリート教育に疑問を感じて大学を辞め、修行を始めました。仏教といえば、都の奈良を中心とした学問的な趣もある教えが主流でした。しかし、深山幽谷で厳しい修行をしている僧もいたのです。そうした修行を、お大師さまは始めました。

エリート教育は、国家の中心となる官僚を育てるためのものでした。しかし、お大師さまは、それだけでは民は救えないと思ったのでした。

国家のリーダーは、一般庶民のことにまで思いをかけること。それが理想の君主だとされるのは、中国も日本も同じことです。仁徳天皇が丘の上から民が暮らす家々に、食事の支度をする煙が上っていることを喜んだと伝えられるのも、そうした君主の鏡であるとされたからです。

聖武天皇の后、光明皇后が仏教に深く帰依して、民のために悲田院を造ったりして救済活動に尽したのも、理想のリーダーの姿とされたのです。

思えば、聖徳太子も光明皇后も、「仏の心」で国家を運営しようとしました。私は、現代社会でも、「仏の心」で政治を行ってほしいと願っているのです。

政治だけではありません。教師も警察官も役人も、みなみな「仏の心」を取り戻してほしいのです。

かつて、「聖職」という言葉がありました。時代が代わったから消えてしまったのではなく、作られた偶像になってしまったから、言葉の力を失ったのだと私は思っています。子供を育てる職業には天から授かった使命があります。治安を守り、社会に安全をもたらす警察官もまた、生活のためだけに選んだ職業ではないのです。

特に教師や警察官をとりあげたのは、この頃、こうした職にある人たちのなかに、あまりに破廉恥な行為が多いことが気になっています。盗撮やセクハラで問題になるケースが多いではありませんか。

それだけストレスが多い職場だと言う人もいますが、じつはやりがいのある仕事に携わっているという自覚を、もっと強くもってほしいと思います。

いま居る場所を大切に、ここからスタート

自分の職業に誇りを持っていますか？

私は、大きな声で問いかけたいと思っています。あらゆる職業には、それぞれの使命が

あります。それは、自分の内なる仏さまの心に通じているからであります。

自分の日常生活から逃げようとしているから、犯罪や破廉恥行為に走り、いじめが横行しているのに、見て見ぬふりをする。心を見失っているのです。それは、心に在る仏さまが見えなくなっているのです。

使命感をより必要としている職場に横行するハレンチ行為と、いじめを見て見ぬフリをする教育現場とは、同じ病気の根を持っていると、私は憂慮しています。

困ること、いやなものは見たくない。それは、自分を否定することです。今いる自分の場所が嫌い、自分の周りにいる人たちが嫌い、嫌いなことをする自分が嫌い。そんな叫び声が、事件の陰から聞こえてきます。

「中心を取れ」と、私は弟子たちに申します。自分が居るところ、それが仏さまのおられるところであります。

「座を起《た》たずして金剛すなわちこれ我が心なり」

『大日経』を解説する『大日経開題』という著書で、お大師さまは説きました。覚りをひらく場所は、どこか知らないところではない、いま居る場所で、仏さまと出会っているのであって、それが自分の心というものなのだと、教えるのです。

いま居る場所を大切にすることから、心を取り戻す道が始まります。明日になったら始めよう、ではなく、いま、ここからスタートしよう。そう思う気持ちをもってほしいのです。

どんなに苦しくとも、今いる場所を逃げ出さないことが、苦しみを抜け出す第一歩であります。なぜなら、自分は気づかなくとも、その場所は仏さまがおられる「心の場所」だからです。

仏さまがいるのに、こんなに苦しいはずがないと、言うかもしれません。そうではありません。どこにいてもなぜ苦しいのか、その原因を知ろうとせずに「見て見ぬふり」をしていたのでは、心におられる仏さまを見ることができません。仏さまが見えない心を抱いて他の場所を求めても、心は闇のままですから、苦しみは消えません。

いま居る場所こそ、仏さまが居られる「覚りの場」だと思って、闇に目をこらしてみれば、きっと松明に掲げられた光が見えてくるでしょう。

発心すれば、すなわち至る。お大師さまはそう教えます。まず、思い立つことです。「思ったが吉日」とも、ことわざにあります。

大日如来が太陽である

これからお話するお大師さまの著作、『大日経開題』では、大日如来のお名前から説きます。大日経は、正しくは「大毘盧遮那《だいびるしゃな》成仏神変加持経《じょうぶつじんぺんかじきょう》」と言います。

「『毘盧遮那《びるしゃな》』とは或いは日の別名という。除闇遍照を義とす。或いは光明遍照といい、いやなものは或いは高顕広博と説く。

毘盧遮那とは、光明が遍く照らすという意味である。これは、漢語に翻訳すれば、除暗遍明という意味である。太陽の別名である」

お大師さまは、大日如来が太陽である、と明快に示しているのです。

大毘遮那仏は、太陽ではあるが、しかし太陽よりも偉大な存在なので「大日」としたのだと、教えが伝わります。

御仏の太陽は、樹木を成長させるはたらきがあると、お大師さまは教えるのです。

大日如来という存在である「太陽」は、人間の営みや気候の変化にも変わらずに存在する「光」です。生命とは、御仏とは「光」そのものなのです。光が、私たちに生命のエネルギーを与えてくれるのです。

「明日という字は、明るい日と書くのね」という歌が流行ったことがありました。そうです。生命はいつも前へ前へと進むのです。この世では、決して後ろに戻ることはないのです。そして、明日も太陽が昇って、暗い夜から明るい朝を迎えるのです。

明るい日を、心の炉に火を灯して送り、火を鎮めて夜を迎えて休みます。忘れてならないのは、後ろに置いてきた昨日の記憶を「お疲れさま」といたわる気持でありましょう。

生命の根はこうして過去から現在、そして未来へと幹を伸ばし、立派な木に育てます。過去を造ったご先祖が、その根っこです。

ご先祖の霊を助けるのは、むずかしいことではありません。毎朝、毎晩、仏壇にロウソクと線香を立て、水をあげてお祈りをします。自分の身体と言葉と心で、ご先祖へ感謝する身口意の「三密行」です。

一灯に火を灯すことこそ、ご先祖の霊を大きな光にして、私たちの明日を照らす松明になるのです。火こそ光。その光が強力な守護霊となって供養する人を守るのです。

太陽は、暗闇を取り除き、あまねく明るく照らすもの、高く高く、広々とした存在であると教えます。

私たちが日々唱える「南無大師遍照金剛」に込められた大いなる教えの基本がここにあ

るのです。

私の記憶は炎から始まっています。ご先祖の導きによって、私の父が中年になって出家して護摩行を始めました。室町時代からの祈りの家系を絶やしてはならないという固い決意があっての、厳しいものだったそうです。その傍らで、母もまた激しい行に打ち込みました。やがて、母は読経と瞑想によって祈るようになりますが、私が胎内にあった頃は、父とともに護摩壇に燃え盛る炎を前に祈っていたのです。

胎内にあって見えるはずもない護摩の炎ですが、いつも私の体内に燃え上がる炎は、両親とともに祈った幼児のころから変わらないのです。

護摩壇に燃え上がる炎と、ロンドン・オリンピックの聖火台の炎が、私の中で一つになりました。世界の平和を祈る「仏の心」を、いっそう広めたいと、私は誓ったのです。

火は「日」に通じる

水が生命の形であるなら、火は生命の原動力です。

火は私たちが沈んでいるとき、壁につきあたって足をすくませてしまうとき、気力を奮い立たせます。心に燃え立つ炎を燃やすことで、どんな苦難をも乗り越える力が湧いてくるのです。

「地」は生命を安定させる「器」ともいえるものですが、地震や地すべりなどで生命や暮らしを破壊します。

「水」は、生命を育み癒しますが、洪水の脅威はいつも生命を危機に陥れました。

このように、生命を創っている要素、「六大」とは、必ずしも生命を大きくする力だけでなく、大いなる破壊力を秘めてもいます。

「火」も、生命の原動力となりますが、全てを灰燼に帰す強大なパワーを持っているのです。

自然の災害は、火を伴うことが多いものです。火山の噴火や地震による火災など、むしろ火災が生命をいっそうの危機に追い込むことが多いものなのです。

その火の力を、人類は利用しながら、今日までの歴史を築いてきました。古くは、焼畑農業に見られる、大地の再生です。肥料を与えることを知らなかった原始、人類は焼けた土地で作物がよく実ることを知りました。おそらくは経験でしょう。

心を鍛えるために、「火」は不可欠のものです。ちょうど、鉄を鍛えて強い剣を造るように、私たちは困難に出会ったとき、心を奮い立たせて立ち向かうことで、その体験を積んでいくことで鍛えられ、心が磨かれていくのです。

火が、生命を動かす力を持っているのは、そのまま太陽、つまり「日」に通じるものだからだと、私は信じています。

日本は古来、太陽を信仰する国家でありました。国家の成り立ちが神話として記録される『古事記』や『日本書紀』によれば、天照大御神は太陽の光を象徴する女神であります。

歴史的にも卑弥呼という名の女王がいて、中国に使いを出したという記録もあります。作家の箒木逢生さんが『日御子』という小説を書いていますが、まさに卑弥呼になぞらえた女王に、日つまりは太陽の子と名をつけています。そうか、女王卑弥呼は太陽の子だったかと、私はあらためて感じ入りました。

「日出《いず》るところの天子、日没するところの天子へ」と遣隋使に託した国書を書いたのは、聖徳太子であります。東の果ての島国にっぽんは、大陸より早く日の出を拝むことができる国なのです。

エリートへの学問を捨てて、生命とはなにかを追究したお大師さまが、『大日経』に衝撃を受けたのも、毘盧遮那は太陽である、という教えだったのではないかと、私は想いをめぐらせています。

太陽から得た火こそ、生命を燃え上がらせる力

太陽が顔を出せば、人は元気になります。結核が特効薬もなく死に至る病だった時代、フランスやスイスにあるサナトリウムでは、患者に日光浴を日課とさせていたそうです。いまでは、エネルギーを太陽光から直接とる「ソーラーシステム」が次世代の希望の光であります。

古代人は、現代人よりも強く太陽の生命力を信じていました。古代文明の多くに太陽信仰があるのは、偶然の一致ではないのでしょう。一つの信仰から多くの教えが分かれていったのか、多元的に発生したものなのかはわかりませんが、太陽が在ることが、生きる力になっているところに、信仰が生まれたのです。

太陽から得た火こそ、生命を燃え上がらせる力であります。

その生命の火を、私たちの身体に取り入れるのが呼吸です。呼吸は、生命の火を燃え上がらせる「ふいご」なのだと、私は思っています。いまでは使われなくなりましたが、大昔の日本では、火に風を送るために「ふいご」という道具を使いました。

呼吸は、自律神経によって動くもので、これをコントロールできれば、私たちの身心を

自己制御できます。

呼吸が整えば、火の燃え方が整います。

このごろは、ライターもマッチも使わないで、スイッチをポンと押せば火がつきます。電子レンジは水蒸気で料理するものが登場したとか。調理台かと思うような、炎の出ない調理器具が次々に登場していると聞いて驚きます。

日本人の食生活が変わってずいぶんたちました。まな板や包丁を使わない家庭が増えたといいますし、調理済みのものや電子レンジで温めるだけの料理ですませる家庭も多いそうです。炎の色の温かさが懐かしくなります。

お年寄りだけの家庭も増えましたし、昨今のように火事になれば逃げ遅れる高齢者も少なくない時代ですから、火を使わない調理は安全です。

しかし、炎のない日常生活はなんだか寒々しく感じてしまうのは、私だけでしょうか。

家の前で、はき集めた落ち葉で焚き火をした時代は、通りすがりの人も炎に手をかざして、思いがけない会話に心なごませることもありました。

人間は神さまから火を盗んで、繁栄するようになったと、ギリシャ神話は語ります。火を盗んだプロメテウスは捕らえられ、鎖につながれて、人々の罪をあがなっているのだというのです。

人間と動物との差は、火をコントロールできるか、どうかにあります。「火」は、それほどに、人類にとって宝物です。その一方で、人類を破滅させる力をも秘めた破壊の象徴です。

しかし、破壊させた跡に、火の力は再生をもたらします。

火が消えた跡の灰の中から植物は芽を出します。焼けた土壌は、芽に栄養を与えます。しかし、その火はまた成長した生物の全てを焼き尽くす威力もあるのです。

仏さまとの交流に火を用いる行者

火はまた、人類に「灯り」をもたらしました。夜も歩けるようになりました。危険から身を守れます。動物たちのように毛で覆ったりして身体を変えなくとも、あるがままの姿で世界の隅々まで旅ができるようになりました。

寒い土地では暖を取り、湿地では衣類を乾燥させ、食べ物を腐敗から守って、人類は火とともに今日まで種を繁栄させてきました。

私たちは、誰もが「火」を持っています。烈火の如く怒ったり、燃えるような情熱を傾けたり、血潮を沸き立たせます。

みな熱く燃え上がる「火」ならではの性質であります。

その「火」を、私ども行者は仏さまとの交流に用います。護摩を焚くのです。

お釈迦さまは、バラモンの火の祀りを止めさせて、一人ひとりの心に燃える火を観察するように教えました。ここが、やがて生まれる密教の護摩とバラモンのホーマとの大きな違いになるのです。

心の火とは、そう、煩悩の火であります。

護摩を焚く。それは地獄の劫火の苦しみを知り、そこから解放されるためのプロセスを体験するもの、ということができましょう。お不動さまが火炎を背負っているのは、地獄の苦しみを焼き尽くす大きな力を象徴しているのです。

闇に迷う者たちは、自分が闇のなかに生きていることがわからない。お大師さまは、そう教えています。その闇を照らすのが、松明です。火が私たちを闇から連れ出してくれるのです。

私たちの誰もが、大きな火種を仏さまからいただいているのです。心の火をいつも上手に燃やし続けましょう。

よこしまな煩悩の火は、くすぶって煙ばかりが充満します。中毒にならないように、窓を開けて新鮮な大気を取り入れれば、きれいなエネルギーに変わります。

自己過信の炎は、風にあおられてコントロールを失って、火傷します。ときには激しい火の勢いで、あたら生命を落とします。そんなときは落ち着いて、自分の風の向きを知りましょう。北風なら、北の窓をいっとき閉じれば風は収まりましょう。

心の松明を、見つめて歩きましょう。ともに歩いている人たちの松明を消さないように、ともに掲げればいっそう明るくなりましょう。

世界中に「心の炉」を築かねばならない

戦争の火が、早く鎮火することを、私は日々祈って、護摩の火を高くあげて祈ります。

戦火に傷つくあらゆる人たちの心に、再び信頼の灯火がともるように、気力を失った人たちの心身に熱い情熱が甦るように。私たちは世界中に「心の炉」を築かねばならないのです。

両手に心の炎を移しとって、平和の温もりを分かち合えるよう、清らかな火を燃やし続けたいと祈っています。

その火炎を背負い、地獄の入り口で悪人たちに、もう一度、更正の道へ戻れと、厳しい形相で教えるのが、不動明王です。

私の家系は行者ですから、不動明王をご本尊として祈ってきました。不動明王は、本来はインドの神でした。

この世という激しい荒波のなかで、船に乗っている人々を安んじるために、行く手の波を切る、というお不動さまの強い力をいただかねばならないと信じて、日々祈っているのです。

私は、朝と晩に「般若心経」を、私といっしょにお唱えして下さいと、私の読経を吹き込んだCDで申しています。

お大師さまは、仏さまに届く本当の言葉、「真言」を唱えることが、幸せな日々への道だと教えますが、『般若心経』こそ偉大な真言だとします。

大きな声で『般若心経』を唱えていますとき、我を忘れることがありましょう。その「時」が、仏さまと一体になる瞬間であります。

仏さまの心を知るには、遠いところへ行くことはありません。「いま、ここ」が大事だと、お大師さまは教えるのです。

地球のどこにいても、太陽は頭上に輝きます。場所により、季節により、地形によって、降り注ぐ光のありようは違いますが、同じ太陽であり、光が少なければ少ないなりに、多ければ多いなりに、生きものは工夫をこらして生きてきました。

一つの太陽が一つの天にあまねいて暗黒を取り去る

「錦」について、お大師さまは説きます。言葉の秘密つまり言葉に込められた仏さまのパワーを縦糸とし、心の秘密つまりすべての生命は無限のパワーを持つ仏そのものであることを横糸として、身口意の三つのはたらきの糸を織って、あらゆるものが流れ入って集まる海のような錦とするのだと、説きます。

その錦の模様は千差万別ではあるけれど、みな「錦」であることに変わりはない。おなじように仏の姿は万もの違いがあるけれど、仏であることに変わりはない。

『大日経』にさまざまな色の衣を着た「執金剛」とあるが、これは生きものは、それぞれの生活様式のなかで、種々の姿をあらわしているが、すべては大日如来の智慧の印なのだと、説いています。

太陽の光を受ける形は違っていても、私たちはみな大日如来の心で生きているのだから、太陽が頭上にあるのか、地球の裏側にいて夜のとばりに隠れているのか、よくよく観て心を整えなさいという教えだと、私は解いています。

明けない朝はありません。闇に迷って、不夜城の人工の光ばかりを求めて彷徨わず、朝を待って太陽の光を求めるように。

砂漠で容赦なく照りつける灼熱の太陽の下で、強引に進めば生命の危機を招きます。夕方の優しい光の下で動けば、旅の安全につながります。

しかし、いずれも同じ太陽です。自分がどのような場所にいるのかを、見定める「心」を鍛えるところから、内なる「仏の心」への旅は始まります。

心の炉で燃やす炎を、「内護摩」と申します。瞑想して、護摩を焚くイメージを描きます。炎が上がり、脳のはたらきが活発になって、気持が落ち着き、気力を得ることができます。

護摩の火は、心を照らす灯りです。そう、火は灯りなのです。

お大師さまは、西暦八三二年八月二十二日に高野山金剛峯寺で弟子たちと万燈万華会を行いました。万の燈明と万の花とを両部曼荼羅と四種智印に供養する法会です。

「虚空尽き衆生尽き涅槃尽きなば、
　我が願いも尽きん」

『性霊集』巻八にある、この法会の願文はお大師さまの生涯を懸けた誓願でした。

生きとし生けるすべての生命が仏になるまで、祈り続けたい。お大師さまは、入定後のいまも、私たちとともにいてくださって、私たちが安住の宇宙に還る道を照らしてくださっているのです。

不安になったとき、邪心が芽生えたとき、どうぞ、お大師さまの万燈会の願いを思い出してください。闇にともる一灯の光を見つけることができるでしょう。

「『毘盧遮那』とは光明遍照の義なり。一燈一室に遍じて暗を除き、一日一天に遍じて黒を奪う」

「毘盧遮那とは光明が遍く照らすという意味である。一つのあかりが一つの部屋にあまねいて暗闇を除き、一つの太陽が一つの天にあまねいて暗黒を取り去る」

そうであるから、種々の物にはあまねく光が降り注いで明るく照らしているのであると、お大師さまは教えるのです。空を樹木が覆っていたら、木に上るとか、生い茂る葉を切るとか、樹木そのものを伐採するとか、それぞれに見合った道があります。密林のなかをいたずらに移動するだけでは、太陽の光を見つけにくいのです。

光を求め、明るい世界に向かって、さあ、また一歩をご一緒に踏み出しましょう。

二

生きているものは皆、心に大日如来の光を抱いている

いま、ここで生きている実感を伝え合うのが挨拶

みなさまは毎日、挨拶をどれほどしておられますか？　おはようございます。行ってまいります。いってらっしゃい。いただきます。ごちそうさまでした。こんにちは。よくおいでくださいました。お世話になります。ただいま帰りました。おやすみなさい。

挨拶はとても大切なものです。毎日、同じ顔で同じことを繰り返すことは必要ないのではないかと思ってはいませんか？

生きるということは、繰り返しの積み重ねです。その積み重ねは、一瞬ごとに新しくなっています。挨拶は、お互いの心に、いつも新鮮な風を吹き込む役割を果たしているのです。

知らない人同士の挨拶も忘れてはならないことです。欧米の人たちは、すれちがうときに、何気ないほほえみを交わしますが、これは「あなたの敵ではありませんよ」というメッセージなのだと聞きました。挨拶は平和を築く第一歩でもあります。

何より、気持ちが良いですね。私が暮らす鹿児島では、挨拶をとても尊重しています。「挨拶から受験まで」という学習塾の標語が街角に見られました。受験に追われて、挨拶

をないがしろにしてはいけない、という姿勢がよくわかります。

歩道ですれちがうとき、軽く会釈をする。朝夕の散歩で出会った見知らぬ人にも、「おはようございます」「こんばんは」と声をかけあう。そんな光景は、都会ではすっかり消えてしまったと、他県からきた方に言われました。当たり前と思っていたことでしたので、こちらが驚きました。

挨拶は、一日の行動にリズムをつけてくれるものであります。挨拶をしないと、このリズムがつかない、どんな行動をしても始めと終りがないので、ダラダラと流れてしまいます。

生きものはみな、リズムに乗って生きていると、私は感じています。音楽に合わせるばかりがリズムではありません。朝起きて、夜寝るまでの時間、それぞれがリズミカルに動いています。速かったり、遅かったり、規則正しかったり、乱れていたり、それぞれ違っているでしょう。一緒に行動する人たちは同じリズムがいいですね。

仏さまというのは、「過去・未来・現在のもろもろの諸法」を明らかにわかっているから「仏」と称するのだと、お大師さまは、『大日経開題』で教えます。

時も過去も未来も、そして私たちがいま生きている現在も、あらゆることをわかっているのが仏さまです。仏さまが私たちに、今という時、ここに居るという場を与えて下さって、生活のリズムを教えているのです。

ほんとうは、過去も現在も未来もないのが仏さまの世界です。「時間」という制約の中で、あれこれと思い悩みながら生きているのが、「いま、ここで」という瞬間の大切さを学んでいる私たちの「この世」の姿であります。「いま、ここで」生きている実感を伝え合うのが、挨拶です。

翳《かげ》ることのない大日如来の「日の光」

私たちは、身体のなかでも時を刻んでいます。最近の医学ではこの体内時計に注目して、治療に役立てる研究があります。病気によって、薬を投与する時間を変える試みがあるそうです。臓器によって、元気になる時間帯が異なっているというのです。

太陽が頭上にあるとき、沈んでいるとき、つまりは太陽の動きが身体の臓器の働きを左右しているという説で、興味深いものがあります。

お釈迦様は、生きることは一つの呼吸の間だと教えました。一生に何度呼吸をしているか、わかりませんが、息を吐いて吸う間に一つの一生が終わって、次の一生が始まるというのです。私たちには短く感じられますが、私たちを形づくる細胞の一つ一つにとっては、おそらく長い一生なのかもしれません。

大日如来という偉大な仏さまにとっては、一呼《ひと》吸にもならない「瞬間」を、私たちは一生涯として生きているのです。それほどに、生命全ての源である大日如来という存在は、広大無辺の存在であります。

私は、前の章で太陽のありがたさを説きました。地球上のどこにいても、毎日、日は昇り沈んで、私たちが生きる糧となっているのだと、申しました。

じつは、お大師さまの教えには、その奥があります。

お大師さまは、私たちの頭上に輝く太陽を「世間の日」といいました。

私たちにとって、「お日さま」は生きていくためになくてはならない存在です。しかし、照る日もあれば雨の日もあります。太陽が輝いているか、いないかで、その日の気分が左右されます。

人類は、火を得てエネルギーとしてきました。その火のエネルギーを得るために、石炭や石油などの化石燃料を膨大に使い、やがては無くなる瀬戸際にきています。代わって原子力が登場しましたが、これは破滅と背中合わせであります。

いま、代替エネルギーの重要性が叫ばれて、太陽光などによるエネルギーを取り入れる動きが活発化しています。

いつでもふんだんに存在する太陽の光を、生活に活かそうと、人類は再び「日の光」の有難さに気付いたのであります。しかし、これも政治的判断もからんでいるようで、広く普及するのには時間がかかりそうです。

自然のエネルギーは、天候に左右されるところがあります。雨が続いたり、曇り空ばかりだったりすると、太陽光のパワーが落ちてしまうのです。

これに対して、大日如来の「日の光」は、どんなところに在っても翳ることもなければ、滅することもありません。どれほど凄まじい風が吹いても、光は変わることなく輝いている、というのです。

仏の心とは、このようなものであると、お大師さまは説きます。心に重く雲がたれこめて明るさが消えているようでも、煩悩の炎が燃え上がって、日の光が見えなくなってしまっても、如来の智慧の光は、決して無くなってはいないと教えています。

求めていけば、かならず見つかります。それも、遠くにでかけて探すのではない、自分の心のなかに在るのです。

どんな悪事を働いても、悔い改めて仏さまのもとで生きようとすれば、暗雲はやがて晴れ、煩悩の炎は煙となって、いつしか消えてしまう。その後に、もとからそこに在って輝いていた本当の日の光が、輝きをみせてくれるのです。

大日如来は、いつも教えを説いていますが、人々を直接に救済するわけではありません。救いを求める人たちの祈りを聴いて、それぞれにもっとも合ったはたらきをする菩薩や明王たちを遣わします。

観世音菩薩には偉大な神通力のはたらきがあり、不動明王には深い慈悲による戒めがあり、弁財天には生命の再生力や天性の芸能により癒しがあります。どの菩薩も諸天諸尊も無限の能力が備わっていますから、祈りに呼応して、私たちの願いを聞き届けてくださるのです。

苦しみを治療する「見えない仏の智慧という薬」

大日如来は、秘密の宮殿におられて「薬を設く」と、あります。大いなる住まいである宮殿で、人々を救うための薬を作っているのだと、お大師さまは説いているのです。

お大師さまは、私たちの苦しみを「病い」としました。医術や薬草の処方だけでは治らない病気が、人々の苦しみの原因になっている。だから、「目にみえる医術」だけではない、「見えない仏さまの智慧という薬」によって治療するしかないと、教えたのでした。

薬は、現代の医療ではとても重要になっています。薬の進歩で、在宅治療を受けることができる病人は多いのです。

しかし、東日本大震災が起きたとき、災害が医療現場にどれほど大きな影響をもたらすのかを、あらためて知らされました。まずは、病院が地震や津波で被災したとき、病人をどう守ればよいのか。原発事故で避難命令が出たとき、現地の病院の避難が後回しになっていました。医師や看護師も被災しながら、患者を守ったのです。

しかし、医療器具や薬のダメージは、すぐに解決できず、多くの病人が困りました。日常生活で、どれほど薬に頼って生活している日本人の多いことか！

高血圧、糖尿病、心臓疾患などの成人病の人たちは、薬のおかげで病人にならず生活できているのですね。昔は、家庭薬や薬草の手製煎じ薬などを使っていた人たちが、医学の進歩によって、よりよい薬で病気を鎮められるようになったのです。

しかし、「見える薬」は進歩していますが、「見えない薬」はどうでしょうか。仏さまの智慧にたどりつけずに、苦しむ人は多いのではないかと案じます。

お大師さまの教えには、医薬に通じていたので、薬を比喩に用いることが多いのです。

「どれほど効き目がある薬でも、口にしなければ効き目はない。どれほど珍重される衣服でも、着なければ寒い」

大切なものを、どのように使うのか。この賢い決断こそ、リーダーのリーダーたる所以だと思います。何が一番大事なことか、わかっている人物なのです。

優れた指導者がいれば、多くの人々が救われます。すべては、リーダーの賢明な決断と責任をとる姿勢であります。

社会を支えているのは、普通に暮らす庶民なのだと、徳川時代の大名保科正之は熟知していたのです。今回の大震災に右往左往する政府や政治家たちに、よくよく知ってほしいリーダーの姿であります。

私もよく、ひと言で「国家・国民のために」という言葉を使いますが、国家の安泰があるということでしょう。

「君主は民の父母」をモットーに仁政に邁進した上杉鷹山といい、日本のトップリーダーの代表的な資質の一つが、「民の幸せが第一」という考え方であります。

みなみな、一番苦しむ人たちに手を差し伸べる「慈悲の心」をリーダーシップのもととしています。私は、政治のリーダーにもそれが欠かせない資質だと思うのであります。

「安心」という名の薬

保科正之は、江戸時代初期の大名であり、じつは二代将軍徳川秀忠の庶子として生まれて、三代将軍家光の異母弟にあたります。家光から深く信頼され、幼くして四代将軍となった家綱の補佐役となり、江戸に常駐して幕政のリーダーとして活躍します。

「天下の府城は万民の便利安居を以て第一とす」

これは、正之が玉川上水を開削して、江戸市民の飲み水を確保し、新田開発を進めようとした時の言葉です。民が安心して暮らせるように計らうのが、政治の原点であると、正之は明言しています。それが、国家社会の安定につながり、繁栄させることだと、正之は熟知していたのです。

保科正之は、会津藩主でしたが息子に家督を譲ってから会津へ戻りました。

その会津若松市に、いまも「御薬園」とよばれる見事な庭園があります。正之の後継、二代藩主の正経が別邸の庭で、薬草の栽培を始めたことから、このように呼ばれるようになったそうです。

正経は、聖徳太子の施薬院の故事に倣い、薬の自給自足をはかるために薬草を栽培するようになったと伝えられますが、御薬園を始めたとき、老いて眼病や結核に罹っていた正之が、ようやく将軍家綱の許しを得て、会津に戻って養生していた時でした。

すでに六十歳の正之は、白内障でほとんど失明しかけていて、何度も職を辞すと申し出ていたのですが、将軍が側から離さずに、とうとう二十三年もの長い間、一度も会津に戻ることなく、幕府を支えていたのです。

「薬の自給自足」、それは当然ながら、領民に分け与えられるものでありました。正之は、老人療養制度を作り、旅人が病に倒れたときの救急を決めた制度まで作りました。いまの厚生労働省に、見習ってほしい制度と精神だと、私は考えています。

「薬の自給自足」とは、飢饉や災害といった非常時対策、危機管理でもあったと考えられます。災害時の薬については、政府ももっとしっかり対策を立てておいてほしいものですね。

正之は、非常時のために米を備蓄する制度も作りましたので、「会津に餓死者なし」とうたわれたほどの藩政が続いたのでした。

保科正之父子は、「見える薬」を栽培することによって、藩の民に安心感という「見えない薬」を処方したのです。

大日如来が、住まいの宮殿で処方する薬とは、あらゆる人に「安心」という名であったと、私は思っています。

「毒薬たちまち薬となる」

生きていくうえでの最高の薬は「安心」であります。お大師さまが、『大日経』を求めて唐に渡ったのも、この「薬」を得るためだったのでありました。

そして、お大師さまは、薬を得て帰国しますが、持ち帰ったのは、民が安心して生きるための、さまざまな知識でありました。「見えない安心」だけでは、いま、ここで生きている人々に「安心」を与えることはできないと、お大師さまは知っていたのです。

当時の唐帝国は、世界国家といってよい強大国でした。お大師さまは、密教の教えだけでなく、言語から暦、文化や建築、鉱学などあらゆる分野を学んで、これらを日本に持ち帰りました。医薬についても、当然ながら学んで帰ったようです。

日本に帰りましてから、密教を日本に根付かせるだけでなく、故郷の溜池の大規模な改築を先端技術を使って成功させ、日本で初めて庶民の私立学校を創ったりした「マルチ人間」でした。

お大師さまは、病気のこと、薬のことをよく学んでおられて、教えのたとえにも、医療とりわけ薬がよく登場します。

「無明忽ち明となり
毒薬たちまち薬となる」（三昧耶戒序）

無明とは、明るいものがないという、闇に迷っている状態のことです。私たちは、みな一寸先は闇の中を、手探りで生きています。こうして、明るいところで生活していると忘れてしまいがちですが、本当は何も見えていない、闇の中で迷って、迷って生きているのです。

そこに、仏さまの光を見つけられれば、その光に向かって歩いて、闇を抜け出すことができます。

「背暗向明」の教え、闇に背を向けて、光に向かって進んで行くようにという教えであります。

この世をあまねく照らしている仏さまの光を見つければ、闇だった世界がたちまちに光あふれる明るい世界になり、「毒薬はたちまち薬になる」というのです。

分量や使い方を間違えれば、苦しみを取り除くはずの薬が苦しみのもとになってしまうのです。まさに光と闇の関係であります。生命とは、光と闇とを併せ持つと、私は考えています。薬は、生命のはたらきと同じなのであります。

心の病気の原因はただ一つ「無明」

仏教の教えは、生老病死という、人間が持つ根源的な苦しみを、どう乗り越えるかについて教えています。

日本では、中世の頃から、僧侶が葬儀を取り仕切るようになったと聞いています。それまで、貴族などの身分の高い人が亡くなった時には葬儀を行いましたが、庶民が亡くなれば、都では、町はずれの空き地などに捨てていたそうです。

都でさえ、路傍に捨てられた遺体があるのは、普通の光景だったのです。しかし、そうした都をもっと整備しようとする動きが出てきます。そして、僧が庶民の葬式に出てきたお経をあげるようになったのです。

そうして、いつしか僧侶は葬式を司る者と思われるようになりますが、もともとはよりよく生きるための教えなのです。

現代の日本人は、お墓の問題で悩む人が多いのですが、しっかりしたお墓を建てて、ご先祖を供養することは、じつは自分の未来を安心できるものとする「薬」であります。

取り立てて立派なお墓でなくともよいと思いますが、気持のよいお寺の、清清しいお墓がよいと、私は思っています。

過去と未来の場所、それがお墓なのです。そうしておいて、現在の場をしっかり生きる。それが、心の仏さまと出会うことになりましょう。

仏の心で生きることが、明るい人生の扉を開くのです。

明るい心は、人生の道を照らします。暗ければ、道端の石につまずいたり、穴に落ちてしまいます。

お大師さまは、「心の病気」の原因はただ一つ「無明」であると言います。「無明」を別の言葉に言い換えると、煩悩に苦しんでいる状態です。

心に浮かぶ欲望とでもいいましょうか。もっと楽に暮したい、恋人の心を射止めたい、ライバルに勝ちたい、偉くなりたい……。みな煩悩が元になる思いです。

煩悩は、誰もが持っているものです。しかし、煩悩の持ち方を間違えると、病気になってしまうのだと、お大師さまは教えるのです。煩悩を病気のもとにしてしまうのは、「もっと、もっとと貪る心」「自分の思い通りにならないと怒る心」「自分の思いがどのようなものなのかも判らない愚かさ」の三つだと教えてくれるのです。

この病を治すには、真言を唱えて瞑想し仏の教えを学ぶことだ、とお大師さまは説きました。行であります。

行は、大きく分けて護摩行と瞑想とに分かれます。動と静ともいえるこの行法は、しかしいずれも即身成仏という、お大師さまの究極の教えに行き着きます。私は、日頃は護摩行を修していますが、瞑想も幼いときから教えられてきました。

お大師さまは室戸の浜で瞑想しているときに、明星が口に飛び込んでくる神秘体験を得て、密教の真理を得ました。お釈迦さまが覚りを開いたのも、瞑想の世界でした。

瞑想とは、「宇宙と呼吸を通わせて、宇宙の心を生きること」であります。私たちが息づいている大きな宇宙のリズムと、私たち自身である小さな宇宙とが、ピッタリと一致したとき、私たちは宇宙そのものである大日如来に包まれて、仏さまと一体になるのです。

瞑想は、全身で思考することです。方法はいくつもありますが、阿字観や月輪観、呼吸そのもので瞑想に入る数息観もあります。全てが行であります。

煩悩の数だけ覚りが得られる。そうも教えます。

煩悩とは、生命力の変形でもあります。これを悪玉だと糾弾して消し去ろうとすると、そのこだわりがかえって煩悩のもと、ますます苦しみは肥大化します。欲望が心に芽生えたら、その欲望を受け入れて、よくよく見極める心を鍛えます。

身体と脳と心、身体と理性と感情、身体と精神と感覚、さまざまな解釈で理解していただいてもよいと思いますが、いずれも総合力が生命の基本であるという教えだと、私は理解しています。

強く鍛えるためには「安心」という薬を与えること

いじめの問題が深刻になっています。

体罰も、昨今の問題をみていると、これはいじめの一種だと、私は感じています。とくに、体育の部活で殴って、生徒が自殺したケースなどを調べてみますと、平手打ちで三十回も殴っているというではありませんか。体罰の是非を論じる前に、体罰の他はないか、もっと議論を深めてほしいと思っています。

活をいれるための体罰であれば、一度で十分です。全身全霊をこめて、相手がよくなるように願って、手をあげてしまった、という「罰」は、指導する者の愛情が相手に伝わらなければ、ただの暴力であり、力ある者から弱い立場の者に対する「いじめ」でしかありません。

心を打ちのめす暴力は、体罰を与える者の心の弱さの表れであります。

いじめもまた、同じことであります。

いじめられる子、いじめる子の心を、もっとしなやかにたくましく育てることによって、いじめの芽は枯れましょう。

子供は、鍛えられながら育ちます。少々、いやな思いをしても、これを跳ね返す精神力を育てるところから、いじめの対策は始まります。自分のストレスを、弱い者をいたぶることで解消しようとするのも、弱い心であります。

強く鍛えるためには、子供たちに「安心」という薬を与えることだと、私は信じています。親に叱られたとき、愛情という安心の薬が効いていれば、子供はめげません。不安の連鎖が、いじめの根底にあるのです。

自分が、生きていていいのだろうか。子供の心に、そんな不安を育ててはなりません。親は、子供と過ごす時間の喜びを、いつも子供に伝えてほしいのです。笑って、毎日を送っていれば、心の闇は消えていくのです。

この世の生きるもの、山も川も草木もみな仏さまの分身とするなら、私たちの細胞の一つ一つ、遺伝子の一つ一つがじつは仏さまの分身であります。どれにも違う個性があり、無駄なものは一つもない。無意味な存在ではありません。

一つの身体という小宇宙のためには、どんな小さな存在もなくてはならない尊い仏さまであります。

「同悲」と申しますが、悲しみを同じくするという教えです。行の苦しみを体験することによって、苦しんでいる人たちの心を知ることができるとされます。「毒にも薬にもならない」よりは、毒を知って排除して薬とする智恵を、生命は与えられています。人類だけでなく、動物も植物も毒を征しながら、生き抜いてきました。コントロールさえすれば、薬となるからです。

制御する智慧こそ、仏さまが生きとし生けるものにあたえてくださった、生命の羅針盤であると、私は考えています。

誰もが心に大いなる智慧を抱いている

人類は、知恵を働かせ、文明を築き、科学技術を発達させてきました。ついには、宇宙に飛び出して、あるいは遺伝子を研究して、謎に迫ろうとしています。

しかし、どのように発達した研究も技術も、これを動かすのは、人間であります。最後は人間の判断や力によって、社会がよくなるかどうか、決まるのです。

どれほど便利になったり、技術が進んでも人間の心が、また、不条理や非合理性を作り出し、この社会を複雑にしているのです。

見えている生命は、いわば氷山の一角で、海面下には大きな潜在的な生命があります。

心理学者ユングの唱える「無意識の集合体」と通じる考えです。
密教はこれを伝える人物をきびしく選んで継承してきました。師から弟子に伝えるのは、多くは口伝、つまりは言葉で伝えました。書いてマニュアル化するということはしなかったのです。

「愚においては毒となり、智においては薬となる
かかるがゆえに『よく迷い、よくさとる』という」
（『声字実相義』）

薬を愚かに使ってはならない、智慧として使うようにという、お大師さまの戒めを、私たちは日々、心に置きましょう。

「いわゆる人々の自心とは、すなわちこれはすべてを知る智慧」
『大日経開題』の一節です。

私たちは誰もが、心に大いなる智慧を抱いているのです。
朝起きてから、私たちは心に「三毒」を作りながら、一日を始めてしまいます。
清清しい朝日に合掌したすぐ後から、玄関の掃除が行き届いていないことに目が行きます。あるいは、昨日ケンカしてしまった人のことを思い出してしまいます。などなど、清清しい気持のままで、朝ご飯の席に着くことはなかなか難しい。

これは、信者さんの一人が、私に言った言葉ですが、誰もが同じような毎日を繰り返しているのではないでしょうか。気づくだけでも、心の掃除に役立ちます。

「六道・四生みなこれ父母」と、お大師さまはこの『大日経開題』で、うたいます。成仏するまでに、繰り返し生きる世界に生きる生きものは、みな父母である。そう説いて、続けます。

「飛んでいる昆虫や地中の虫にもどうして仏の本性のないことがあろうか」と。生きているものは、みな心に大日如来の光を抱いています。

毎日、心の窓を開いて、さわやかな風を入れよう

お大師さまの教えの基本は、三つの調和です。「身口意」と密教では言います。密教秘法を修することは、身口意を清める「三密修行」です。体力をつけること。脳力を鍛えること。心を正しく保つこと。それは私たちに備わる能力の全てを使って生きることです。「三密修行」とは、真言を唱え、行をなし、瞑想するという修法だけでなく、日常の生活そのもので行するものなのです。

毎日ご本尊とご先祖に、一日の始まりに無事を祈っていますか。一日の終わりに、感謝

をしていますか。それだけで、あなたの心は、ずいぶん掃除が行き届くことになります。きれいな心が御仏との道を開くのです。

明るい御仏の光のもとで生きることが、どれほど心地良いものかを教えてくれます。毎日、心の窓を開いて、さわやかな風を入れましょう。

「ありがとう」「お願いします」「うれしい」「幸せ」「たのしい」「お元気？」「よかった！」。よい響きの言葉が、明るい心を作り出します。いつでも、どこでも、心のポケットからこうした言葉をすぐに出せるようにしておきましょう。

「愛語」とは、愛ある言葉を、愛を以って使い、言葉を愛し、人を愛し、そして御仏を愛する意味を持つ教えです。愛語の習慣は、祈りの心がつくります。あれがわるい、これがわるいという前に祈りましょう。その祈り心で家族との会話を多くしましょう。

私が、常々、祈りはリズムを合わせるためのものだと、言っていることを思い出してください。

真言密教の祈りは、リズムに始まってリズムに終わる、といいましょうか、生命のリズムをとてもたいせつにしています。

生命は大きな宇宙が故郷です。そして、私たち一人ひとりのなかにも、小さな宇宙があります。いいえ、私たちの心身そのものが小さな宇宙なのです。

この大きな宇宙と小さな宇宙とのリズムがズレてしまうと、病気になったり、災難に見舞われたりするのです。

ツイている、ツイていない。運がいい、悪い。みな、リズムが合わない時のことです。お大師さまの究極の教えは「即身成仏」、この身のままで御仏になることができる、というものです。

私が加持をするとき、私は池口惠觀という人間ではありますが、大気に遍満している御仏の霊気に満ちて、その力を加持を受ける人に注ぐのです。いわば、御仏と一体になって、苦しみを癒しています。御仏の生命力を得て、生命本来のリズムを取り戻すのです。

人間には人間としての役割があって、この世にいるのです。人間だからできることが、即身成仏であり、他の生命を救うことができる役割を持っているのだという教えです。

大日経とは「生命のガイドブック」

人類は、脳を発達させて、ここまで発展してきました。心を多彩に表現して伝えることができます。身口意の調和を、お大師さまが重要なことだと教えたのは、人間は己をコントロールする力が備わっているからなのです。

祈りは響きです。リズムです。

真言は、御仏に届けと高らかに謳いあげる言葉です。その響きが御仏に伝わって、私たちの祈りが届くのです。

私の寺においでになっている方は、よくわかりましょう。護摩行のあいだ、集まった信者さんたちは板敷きの床に座り、私とともに弟子たちの声にあわせて、ともに大きな声で真言を唱え、般若心経をとなえます。およそ二時間、足も痛くなりましょうが、その痛みを忘れるくらい真剣に唱えていますと、終わった後の爽快感が大きいと言います。

人間の身体は、一つの楽器でもあります。人間には共鳴装置があるのです。声によって、そのメッセージの伝わり方が違ってくるのです。その声に、心を乗せて、人間は遠い昔から祈ってきました。私は、特に般若心経を、大いなる真言だとして、声高らかに読経するように導きます。

行というものは、人間の極限に挑戦しているものです。飲まず食わずで炎に向かって行をやり抜くことは、心の力がなければ、とうてい不可能なことです。

行に限らず、日頃から、一つのことに打ち込んでいると、もうだめだという時に、心の力を引き出すことができます。

心には力があります。その力を引き出すのが祈りです。

私の誕生会や新年会などで、出席した方全員が手を繋いで、大きな輪を作ります。私から「見えない光」を、皆様に届けているのです。きっと、心に日の光を持って帰ってくださると、信じていつも大きな輪をつくるのです。

知らず知らずのうちに、「見えない光」が伝わっていくのを、感じています。

『大日経』とは、「世間の日」ではない、いつも変らず私たちに降り注いでくれている「大日如来の光」があることを教えてくれる経典です。

遠い古代の人々から受継いだ、間違いの無い「生命のガイドブック」なのです。

そこから得た、お大師さまの教えが、仏の心を抱いて生きるということであります。

三

信じる心こそ、生きる力の源

意志あるところ道は通ず

「信なくば立たず」と、政治家はしばしば口にしますが、政治家に「信」を問うことが難しい時代になりました。日本だけではありません。世界を見渡しても、信ずることの大切さを忘れている人たちのいかに多いことか、心が痛みます。

しかし、そんな時だから、信ずる心の強さに打たれることがあります。

五億円の借金を抱えて倒産した若き経営者がいました。この人はやがて会社を再建し、大きな企業に育てました。後のことですが、知り合いが奥さんに尋ねました。

「怒るとか、離婚するとか、考えなかったのですか？」

すると、奥さんは即座に言いました。

「はい、考えもしませんでした。一生懸命、後始末をしている姿を見ていると、この人はきっと再起するだろうと信じる気持が強くなっていきました」

その道のりは、決して楽なものではなかったと思います。しかし、奥さんは夫を信じて、ともに会社の再建に尽力して成功しました。

この話を聞いて、私は、日本で初めての女性代議士になった、戸叶里子さんのことを思い出しました。

昭和二十一年四月十日、戦後初の総選挙が実施されました。敗戦によって連合国の占領下に置かれた日本の出直しをはかる総選挙でした。日本中が焼け跡になっていて、住民登録も出来ない人たちが大勢いたなかの選挙でした。もちろん、戦地や外地から引き揚げてきていない人たちもいるので、有権者全員が投票できたわけではないのですが、それでも、新生日本を創るのだという気概をみなみな持って臨んだ選挙でした。

政治は、誰のものでもなく、国民一人ひとりのものであります。自分たちの暮らしを守り、国を守るために、真剣に投票しなければならないのです。戦後初の総選挙には、復興を願う「初心」がありました。現代のような迷走状態にあっては、この「初心」をぜひ思い出してほしいと願うのです。

このときの大選挙区・連記制という珍しい形態は、まだ戦禍から立ち直っていない行政制度を補う意味もあったのです。この選挙で日本の女性に、初めて選挙権が付与されました。それまで、女性は政治に参加することができなかったのです。

全国の女性たちが、どれほど喜んで投票に行ったのか、また新しい日本のために議員になろうと立候補する女性たちがたくさんいたのには、驚きます。

立候補者は八十人を超えていました。そして、三十九人が当選して国会に登場したのです。

この記録は、当時の小泉首相が「郵政選挙」で多数の女性を擁立して当選させるまで、破られることはありませんでした。

女性は政治家に向かないという人もいますが、私はとんでもない、立派な政治家は何人もいますが、知られていないだけですと答えます。女性の力も、男性の力も、等しく政治の場に活かしてこそ、健全な政治といえます。

お大師さまは、「調和」を重んじました。胎蔵曼荼羅と金剛界曼荼羅とまったく別に描かれる世界を一つとするのが仏さまであります。偏っていてはならないのです。


戸叶里子さんも、政治という道の世界に飛び込んで、政治家として大成した方でした。社会党副委員長まで務めますが、物腰は穏やかですが、芯が通っていて、たいへんな勉強家でした。もし、当時、社会党が政権をとっていたら、この人が初めての女性首相になったかもしれません。

戸叶里子さんは、じつは夫・武さんの「身代わり」として立候補しました。最初の総選挙では、占領軍の意向で、戦前戦中に国会議員だった多くの人や、総動員体制を支えた団体のリーダーたちの立候補が禁じられました。

そのため、妻や妹など身内の女性を「身代わり」に立候補させたのです。

しかし、その中から、近藤鶴代さん、紅露みつさん、藤原道子さんなどなど、立派な政治家が生まれました。

さて、戸叶里子さんの話です。フランス人形のようだと言われた才色兼備の里子さんを見初めたのが、戸叶武さん、気鋭の朝日新聞記者でした。栃木県で祖父の代から代議士を務めた家柄で、武さんも政治家の道を目指したのです。

プロポーズのとき、武さんは「苦難を共にしてほしい」と里子さんに言いました。普通なら「苦楽を共に」ですが、武さんはあえて「楽」をとりました。新聞記者から政治家への道は険しいものであり、楽をさせてやれない人生を共に生きて欲しいという、言葉にならない厳しい決意を秘めた申し込みだったのです。

武さんはどちらかといえば理想家肌で、夢に向かってまっしぐら、という性格です。その武さんを信じて、里子さんは結婚しました。

しかし、新婚生活もゆっくりはできないほど、武さんは政治活動に打ち込みます。また、学究肌でもあって、書物の購入費だけで月給は飛んだといいます。家計は火の車、里子さんは同志社から津田塾で学んだ英語力を活かして、英語塾で教えて家計を支えました。

里子さんは政治家になっても、家庭をおろそかにせず、選挙区では人々の話によく耳を傾けて、人気を保ち続けました。国会では外交を中心に活躍しました。組合出身者が力を持つ社会党にあって、ずいぶんつらい立場に立たされもしたそうですが、「意志あるところ、道は通ず」という信念で通しました。このような政治家が現代にも欲しいと思う一人ですが、夫との「苦難」をひたすら乗り越えて生きた信頼の人でした。

信じることのたしかな証を、仏さまからいただいてきた

私たちは、信ずるから苦難に耐えられるのだと思います。信ずる心こそ、生きる力の源だと信じて、私は生きてきました。

人間の智慧が及ぶところでの、心安らかな境地にいたのでは、いつまでたっても仏さまの、本当の安心の世界にいたることはできないと、お大師さまは言っておられます。

仏さまの智慧とは、私たちが気付かないところではたらいてくださるものなのです。行を重ねる功徳、信ずることのたしかな証を、私は多々仏さまからいただいてきました。

祈りはいつも私を頼ってくる人たちのためのものでありますが、その「場」である寺と、拠りどころとする仏さまを安置する「場」が欲しいと、私は願っていました。

母の寺を離れて、鹿児島市内の小さな部屋の小さな台に仏像を安置したのが、私の

「寺」の出発点でした。大きな寺がほしいという願いは、より多くの人たちの助けになる祈りの場が欲しいという心からのものです。そんな私に、母が申していました。

「お前のために、立派な行場を用意してある。そこはこんもりした山の頂で、滾滾《こんこん》と湧いて尽きない泉が敷地内にある。前はパーッと、遥か彼方まで開けた場所のようだよ」

母が、私にこんなことを言ってくれたのは中学生の時でした。高校生になっても、何度も聞かされました。母はよほどしっかりした映像を透視していたのでしょう、毎回の説明は寸分の違いもありませんでした。

やがて、私はさまざまな体験を経て、鹿児島市内にささやかながら、「最福寺」を創りました。そしてご縁あって、阪急・六甲山ホテルの公園墓地の管理棟という位置づけで、平川の烏帽子山最福寺が完成したとき、私は母が言っていた行場は、ここのことだろうと考えました。

しかし、ここには「滾滾と湧いてくる泉」はどこにもありませんでした。錦江湾に臨む景勝の地ではありますが、山の頂でもありません。

平成二年、バブルの絶頂期でしたが、この時、知り合った金花舎という在家仏教の方を対象にしたビジネスを手広くされている加藤子明さんが、私の行を関東の人にも見せてあげたいと、江ノ島に寺を建てて下さると申し出られました。

土地を見に出かけて、驚きました。

母が言っていた光景が目の前に広がっていたのです。そして、説明されました。

「あそこに、島には珍しい湧き水が湧いています」

ほんとうに驚きました。

祈りに執着せず、信じてお任せする

実は私は、母が生前口にしていた何百何千の透視・予知のなかで、この一件だけは大外れだと思うようになっていました。そのような理想的な場所などあるわけはなく、また、私がそのような場所に行場を創れるはずはないと、思っていたのです。さすがの母も息子可愛さで心のレンズが曇ったかと解釈して、忘れようとつとめ、忘れかけていたくらいでした。

それが、目の前にあるのです。私は、あらためて母の能力を信じました。

加藤社長は、ここに七十億円をかけて、風格ある寺を建てました。しかし、加藤社長は志半ばで病に倒れ、バブル崩壊の嵐をまともに受けて、会社は倒産しました。最福寺は法律的には何の権利もないので、銀行から寺を買い取ってほしいといわれても、どうすることもできませんでした。

「こればかりは、お袋も透視が及ばなかったな」

私は、心の中でつぶやきました。

しかし、母はまたも正しかったのです。

最福寺と阪急・六甲山ホテルの公園墓地の管理棟という契約が、平成十五年春に終了したとき、阪急・六甲山ホテルは、「これまでよくやってくださいました」と、少なからぬ謝礼を下さったのです。その金額が、なんと銀行から提示されていた額とピッタリ一致していました。

お金は、右から左へと移動して、江ノ島別院は正式に最福寺のものとなり、行場になりました。

私は、このことで、深く悩むということはありませんでした。すべて仏さまがはからってくださると思っていたのです。もしも、私の行場とならないなら、それはそれでいたしかたないかと、考えてもいたのです。

ところが、その私の思考をはるかに超えたところで、物事は動いていて、銀行と阪急・六甲山ホテルとで、話し合いをしたわけでもないのに、必要な金額になったのです。

これが「法執」を離すということかと、私は知りました。仏さまに祈っているからといって、その祈りに執着してはいけません。

仏さまを信じてお任せする、それがお大師さまが説く「法執」を破ることでありましょう。

「人執」は、考えて考えた「こだわり」であります。一番良い方法と思ってみても、じつはそうではないことが多々あります。そんなとき、人は自信をなくして、なりゆき任せにしがちです。

仏さまにお任せする心と、「どうにでもなれ」と投げやりになるのでは、違います。

考え抜いて、結果が出なければ、それは自分の「こだわり」が壁になっていると思ってみましょう。

「縁に遇えば、便《すなわ》ち廻心向大す」

「こだわり」を持たずにいれば、縁にめぐりあって、大乗への心を起こすことができると、お大師さまは説いています。

自分だけで覚ったと思っていることは、たいへんな間違い

大乗の心とは、自分だけではない、ほかの人たちと共に覚りの道を進もうとする心です。何事も受け容れられる、大きな心を持って生きましょう、という教えなのです。そうすれば、安心の世界には、思いがけない時に思いがけない形で、到達できます。

間違えてはならないのは、独りで覚りにいたることと、独力で何かを考えることとは違うということです。

私たちの生命は、無限に大きく、広いものです。しかし、人はとかく、自分が得た知識を頼ってこだわり、見えないものや知らないことを否定してしまいます。その結果、自分の好み、といいますか、自分の思ったような世界を作り上げて、そこに安住しようとします。

生まれた限り、私たちには「苦」がついてまわります。生老病死の四つの苦でありますが、「苦」とは、もともとサンスクリット語では「ドゥフカ」と言います。これは、「自分の思い通りにならないこと」という意味なのです。

苦しみであれば逃げ出そうというネガティブな気持に陥りますが、思い通りにならない

ということであれば、乗り越え、解決していけばよいのです。

しかし、自分の思い通りだけの世界に執着してしまうと、これは逃避する場所を造っているだけになってしまいます。

それでは、いつまでたっても「ほんとうの自分」に出会うことはできないと、お大師さまは説くのです。

自分だけで覚ったと思っていることは、たいへんな間違いだと、教えを繰り返しているところに、「即身成仏」のエッセンスがあるのです。

自分だけが覚ったと思っている人々のことを、お大師さまは「二乗の人」と言って教えます。声聞・縁覚という修行の段階にいる人たちのことです。

縁覚とは、煩悩を絶って静かに落ちついた涅槃の淵にあって、なすこともないさとりの宮殿にのどかに遊ぶような状態にある人のことです。

戒律も、自分で学んで会得してしまう修行者のことです。まさに理想の修行のようでありますが、お大師さまは、そのような理想的なさとりの境地に独りいる者は、人々を慈しむ大いなる慈悲が欠けているので、それを救う手だてが備わっていない。ただ自分だけの苦悩をなくして平穏な心を保っているだけのことだ、とします。

静かな自然のなかで、師にもつかず一人悟りを得れば、安らぎの境地に到達できましょうが、そうして悟りにいたった縁覚には「生けるものへの慈悲」が欠けるので、ほんとうに他人を救済することはできない、というのです。

誰かのために役に立つ、それがこの世に生まれてきた目的

生命が、なぜこの世に生まれてきたのでしょうか。それぞれに、生きる目的を持って生まれてきているのだと、思います。

その目的は、自覚していようといまいと、いつもそれぞれの人の心の奥深くに刻みこまれているのです。

誰かのために、何かのために役に立つ。それが、この世に生まれてきた「目的」であろうかと、私は信じているのです。

なぜなら、生命はネットワークによって成り立っているものだからです。

自分独りだけで生きているのではない。そのことは、私の話を聞き続けてくださっている方たちは、よくわかっておられましょう。思ってもいなかったことを、一生懸命にしている自分に驚くことはありませんか。

世の中の潮流とは、ほんのわずかなきっかけで大きく変わることがあります。歴史の大

転換が、じつは小さな出来事に始まった、ということは少なくないのです。もちろん、その背景には、そこにいたるまでの積み重ねがありますが、しかし、まさか、そんなことがと思うようなことで、歴史が動くのです。

しかし、その「瞬間」をとらえることができるか、どうか。

頭だけで考えていると、その「瞬間」、つまりはチャンスを捕まえることができない。「ほんとうの自分」に出会って、「瞬間」を感知できるようになれば、生きていく充実感を味わい、宇宙に満ちる富も幸も愛も手に入るのです。

お大師さまが、教えてくださっているのはそういうことなのです。

「こだわり」は、本人も気付かないことが往々にしてあります。自分は、こだわりのない人間だと言っている人が、案外、自分のやり方に執着して、他人と協調できないことがよくあります。

自分の好みで生活を整えてみても、家族が落ち着かない気持ちでいることに気付かない主婦もいます。

慈悲の心とは、共に楽しむ心ではないか、と私は思います。悲しみを共にする心とは、じつは喜びを共にする心です。

誰もが、心に喜びを持ってほしい。それが慈悲の心であります。悲しみを知るから、喜びへと手をさしのべることができるのです。

　慈悲と気付かずに、慈悲の心を持って生きている人たちがいます。たとえば発明家です。自分の好奇心を追究しているのですが、その心の底には、「これで、みんなが楽になるだろう」とか「みんなが楽しめる」などと、他の人のことを考えている人は、それを「慈悲」と呼ぶことを知らないだけなのです。

　たいせつなものは「慈悲の心」、生活を離れ、自分の苦しみは取り去っても、他人の悲しみから目をそらして生きているのでは、人生を逃げているのと同じことだ、とお大師さまは教えるのです。

大衆の心だけでは安心の世界には到れない

　二〇一二年夏、内戦状態のシリアで、日本人の女性ジャーナリストが銃弾を浴びて亡くなりました。山本美香さんという四十五歳のカメラマンでした。戦場を撮り続ける山本さんの視点は常に、戦火のなかで生きる子どもや女性たちの姿にありました。

　亡くなる直前に写していたのは、バリケードを築く少年であり、お父さんに抱かれた赤ちゃん、そしてアパートの窓辺から手を振る女性たちの姿でした。

戦場というと、闘う男たちの姿ばかりが写されますが、その傍らには危険にさらされながら生活する人々がいて、緊張の日々を早く終わらせたいと願っていることを、山本さんは長い戦場カメラマンとして知っていて、この人たちの姿を世界に知らせたいと、危険を覚悟で取材し続けてきたのです。

カメラを向けた山本さんが声をかけた赤ちゃんの顔は、無心そのものでした。我が身の危険を顧みずに、戦火のシワ寄せをもっとも受けやすい弱い者たちの存在を発信しつづけた山本美香さんも、大いなる慈悲心を抱いて生きた菩薩だったと、私は感じています。

しかし、総じて言えば、現代に何が欠けているのかと申せば、その「慈悲の心」でありましょう。

私たちは、教科書もなく、師もいない状況で道を拓いていかねばならないことが往々にしてあります。

そうして、考えながら進みます。その苦闘の果実を得たとき、どう考えるのか。そこに「一乗」に陥らない教えがあるのです。これは、自分が独自で考えたことだと、自分の発想にこだわってしまうと、そこからは進歩も発展もありません。

独自に考えたのではない、この宇宙に遍満している仏さまの智慧をいただいた、と思えるのが「大乗の心」なのです。

大乗とは、みんなで一緒に舟に乗って、仏さまの世界に行きましょうという教えです。これに対して、独りで行をして覚っても、これは仏さまの世界に到達することはできないと、きびしく戒めます。

しかし、大乗の心だけでは、まだ本当の覚りの世界、仏さまに抱かれた幸福と安心の世界にはいたれないと、大日経は説きます。

大日如来は奥深い、明るくて住みよい土地に住まい、言葉で説くのではなく、思考をやめた深い瞑想によって、生命の真理を追究しているのだと、お大師さまは説いています。いたずらにおしゃべりをせず、つまらない考えをやめて、心を明るく潤わせていれば、大日如来の住む宮殿に入ることができると説くのです。

その宮殿の門を入れば、たちまちにはかり知れない幸福と智慧を手に入れることができるのです。

『大日経開題』の「大毘盧遮那」の巻にある、このあたりのお大師さまの文を読んでいると、なんとも満たされた幸せな気分になります。

この宮殿の門は入りにくいものだが、「誰かよく難信の法を信じ、難入の門に入らん」と教えます。言葉もなく、思考もない、ひたすら瞑想を深めていたる仏さまの世界は、なかなか信じ難いけれど、これを信ずるものが、入り難い門を入ることができると説いているのです。

「狭き門」という教えがキリスト教にありますが、通じるところがある教えだと、私は感じています。

大日経が説いているのは「狭き門」に入るための教え

口を開き声を発する真言は罪を滅し、手を挙げ足を動かす印契は、幸福を増進する。心が動くところに、たとえようもないすぐれた観察がおのずから生じ、意のおもむくところには深い瞑想がたちまち成立する。

その後に、「無明の暗室にたちまち日月の燈をかかぐ」とあります。私は、この一節がとりわけ好きなのです。

真言をとなえ、印を結んで祈る。それが行であります。そうすれば「狭き門」を入ることができて、幸福が増すと、お大師さまは教えてくださるのです。

大日経が説いているのは、この「狭き門」に入るための教えであります。

顕教の修行をするものは、無限に近い時間を難行苦行して、それでも覚りを得られるものと得られないものとがいるが、真言門つまりは「狭き門」に入るための菩薩修行をするものは、その無限に近い時間に積み重ねたはかりしれない功徳と智慧とをことごとく獲得する。

そのように、お大師さまは教えています。

独りだけで覚りの世界に至ったつもりの境地は、じつは脇道に安住しているにすぎない、みんなとともに幸せを目指すのが、大乗の心であります。

しかし、それだけでは、必ずしも仏さまの幸せな世界にいたることはできないこともあるが、真言を唱え、印を結んで、つまりは大日如来を信じて菩薩として正しい行をすることによって、それはなかなかきびしい行ではあるが、それをクリアすれば、誰もが仏に成れる、そのことを大日経は教えているのだと、お大師さまは説くのです。

難しい入学試験に挑んで、勉強をしても、誰もが大学に入れるわけではありません。しかし、欧米や日本の放送大学は入試はゆるやかだったり、無かったりして、入学は簡単ですが、卒業するのは難しいシステムです。

大乗の教えだけでは、大学に入って卒業しても、本当に学んだことになるのか、どうか。現代の日本の若者を見ていると、大学生活をもっと充実して送ってほしいと思います。むしろ、入るのは容易でも、大学という場でしっかり学ぶことによって卒業証書を手にできるシステムのほうが、その後の人生には役に立つのではないかと思います。

大学という場で何を学ぶのか。研究だけではなく、スポーツでもなんでも「成就する」という成果を手にすれば、人間形成には有意義であります。

私たちをとりまく大気には、仏さまの智慧が満ちています。日頃、心にホコリがたまっているので、その智慧に気付かないだけなのです。心を掃除すれば、その智慧を知らず知らずのうちにいただけるのです。

ほこりとは「こだわり」のことです。こだわりや固定観念を離れて、私たちの心の奥底にいてくださる仏さまの声に耳を傾けられる人間になりたいと、私は思います。そう思える人間が、一人でも多くなれば、幸せはどんどん広がっていくのです。

自由な発想を持って、人と喜びを分かち合いたい、誰かの役に立ちたいと願って生きていれば、かならず幸せがやってくるのです。先人たちの足跡をたどると、そうした「大乗の心」に出会います。本人は、夢中で目標に向かっているのですが、それまでの学問やしきたりにとらわれない自由な発想が、新しい扉を開くのです。

苦行とは「同悲」を得るためのもの

「毘盧遮那」の巻を、もう少し続けましょう。ここでは、経本の違いを説いていますが、興味深い記述があります。

すべての経本のはじめに「ノウマク」の二字があるが、これは「帰敬」ということである。そして、この「ノウマク」には二つの意味がある。

お大師さまは教えます。

ノウマクとは、「南無」のことです。南無大師遍照金剛と唱えることは、お大師さまに敬意をもって帰依することを表します。

「ノウマクサンマンダー」と、不動明王のご真言を唱えることは、不動明王へ帰依する心を表しているのです。

生きとし生けるものはみな仏さまでありますから、あらゆるものに「南無」をつけることができます。

私の次女など、幼い頃には身の回りのものなんでも「南無」をつけて、私を喜ばせてくれました。「南無キャンディキャンディ」とか、「南無ドラえもん」「南無オバQ」などと呼んでいるのを見ると、どんな疲れも消えました。

印を結んで真言を唱える。行者の基本ですが、微笑んで怒れ、と経典は教えます。しかも、真剣に行をしているとき、心に思わない表情ができるはずはありません。心で真剣に微笑と怒りとを同時に感じて、初めてこの表情ができるのです。

「南無」とアニメ主人公を呼んでいた娘は、知らず知らず無心に真言を唱えていたのですね。その無垢の心が笑顔となって、私を癒してくれたのでした。

「ノウマク」つまりは「南無」という真言にも、浅い意味と深い意味とがあります。浅い意味では、この言葉は「敬意と帰依する」という意味ですが、深くは真言の響きによって、仏さまと交流できるのだと、私は解いています。

南無という響きが、疲れた心を癒し、安心を届けてくれます。ここが、真言密教と他の教えとの違いとしてお大師さまのいう「深い教え」の真髄であります。

言葉だけでは、決して理解できない境地が、教えの実践に込められています。

「狭き門」を通るための修行には、必ず師が必要です。

「広眼尊」という言葉がここに登場します。広大な眼をもつ大日如来が説く教え、正しく理解する「師の徳」を表現するものです。

お大師さまは、視野を広くするようにと、これも常々説いてきました。

つるべ井戸の綱が短くて、深い井戸の底まで届かずに水を汲めないからといって、井戸が涸れたと決めてしまってはいけないと、お大師さまは喩えて説きました。

難行苦行を重ねることは、目的ではありません。お釈迦さまが、極限まで苦行を重ねた果てに、村に出て身を清め、粥をいただいて、菩提樹の下で瞑想に入られた、その心身の解放感こそ、覚りの最後の門なのだと思います。

苦行とは、どこまでも「同悲」を得るためのものであり、自分の目的のためになすものではないのです。

他の人と共に生きることを喜びとすれば幸せになる

私ども行者は、道を求め、苦しみを抱えた人たちのために、行を重ねるのです。

密教の師について、正しい修法で行をすれば、きっとすみやかに仏さまの世界にいたって、満ちた心を抱くことができると、お大師さまは教えているのです。

覚るということは、生命と一体になることです。無我の境地といいますが、時間も空間も意識も消えて、ただ、仏さまを感じることができるようになることを、「成仏」というのだと、私は行を通じて感得しました。

日常の生活のなかで、「こだわり」を離れて、発想を柔軟にし、意識を広げて、ほんとうの自分に出会う気持ちをもちましょう。独りよがりにならず、他の人と共に生きていることを喜びとすれば幸せになります。

広い眼を持ってものごとも人物も見通せるような師匠について、修行しなさいというわけです。

師とは、「一に法、二には人」であります。どちらかだけでは、「師」とはならないのです。諸々の仏も如来もかならず師によって覚ると、お大師さまは教えます。そうでなければ、「諸仏には大悲の徳欠けて、衆生には所尊の境なけん」というのです。

いかに立派な師であろうとも「大悲」つまりは大いなる慈悲の心がなければ、徳を失い、人々は尊敬することができなくなってしまうだろう、と。

私は、現代日本のリーダーたちに、この仏の心を知って欲しいと切望しています。本来、政治家は菩薩でなければなりません。大日如来は完璧な存在でありますが、衆生つまりは国民一人ひとりの願いを叶えるはたらきはしません。願いを聞いて、それぞれ菩薩や明王が助けるようにします。

政治家とは、高みにあって動くのではなく、国民とともに、傍にいて助ける菩薩であります。菩薩は修行中ですから完璧ではありませんが、間違った道に導くことはしません。

その心は大いなる慈悲があります。自分の保身や名声などを思わずに、世のため人のためにはたらくのが、菩薩行であります。

そのことを、よくよく心に置いて、人々の揺るぎない信頼を得れば、どのような困難な状況にあっても、必ず道は開けるのです。どうぞ、仏さまを信じる心を持って生きて下さい。

四

仏を思うことは自分を思うこと

「生老病死」の苦をどのように乗り越えるのか

お大師さまは、親子や肉親の情愛を大切にしました。その心の現れの一つが、この『大日経開題』の「降崇頂不見」の巻であります。珍しいタイトルは、「降崇《りゅうそう》として頂《いただき》見えざるは…」という書き出しにあります。高くそびえて頂上が見えないのは妙高山であり、みはるかすかぎり漫漫として底が知れないのは北溟《ほくめい》と渤海《ぼっかい》である。

そう綴るお大師さまの文章は、続いて、これほどに高くあるいは深い海も山も、世界の始まりと終りに吹くすさまじい嵐がひとたび起これば、塵となり、七つも重なる太陽に焼き尽くされる、とあります。

どのような堅固な山や海でさえ、崩れ去ることがあるのだから、人間がずっと存在し続けることはできないのだ。

「始まりあり終わりあるは、これ世の常の理《ことわり》、生者必滅はすなわち人の定まれる則《おきて》なり」「始まりあれば」の句は、現代でも使われていますし、「生者必滅」も、お大師さまが生きた時代からしばらく経って書かれた『平家物語』の有名な句を思い浮かべます。そうか、お大師さまの句がこれらのルーツだったのかと、私は思っているところです。

この世の、動かせない道理とは、まさに始まりと終りのある時を限られたなかで生きるということであります。生まれきた者は必ず滅してしまうのです。そこに生老病死という「苦」を背負うのが、人間の定めです。

その苦しみを、どのように乗り越えるのかという命題が、仏教の基本です。この世は終りがあるが、生命とは永遠のものだと感じ取れれば、消えて無くなるのではないかという不安は解消します。しかし、あの世のことは誰にもわかりません。ただ、信じるしかないのです。

そうであれば、まずは「始まりあれば終りあり」という、この世の定めをそのまま受け入れようではないか。お大師さまは「苦」を受け容れて「苦」を我が身の一部にしてしまおうと教えているのです。

苦を苦でなくする力こそ、大日如来の大いなるパワーであると、お大師さまは「大日経」の功徳を説きます。

仏さまが衆生に注ぐ愛は親が子に注ぐ愛と同じ

母を亡くした息子が、一周忌供養のために、曼荼羅と『大日経』を写し描いて回向することを講義する文章です。

どうぞ、母が仏と成りますようにと、息子は祈ります。母の霊が成仏して仏さまの世界で安らかにいることが、息子の安心となります。『大日経』には、その力があるのだと、教えているのです。

仏さまが衆生に注ぐのは、親が子を愛するのと同じ愛だと説きました。それは、無償であり、限りないものであります。私たちの心におられる仏さまを思えば、親が子に仏の愛を注ぐことは、なんの不思議もありません。

「諸仏威護して一《ひとえ》に子の愛あり。何ぞ惆悵することをもち須《もち》いん

人間の難きを」　（『性霊集』）

お大師さまの言葉です。

諸仏はみな衆生を護っているが、それは子供に対するのと同じ愛情である。どうして、世間の艱難をいたむ必要があろうか。

仏さまが衆生に注ぐ愛とは、親が子に注ぐ愛と同じだ、とお大師さまは教えています。まったき信頼による生命の絆であります。

この世に生まれてきた子は、無防備です。育てる者にゆだねなければ、食べることも暖をとることもできません。危険から守ってくれる親に全幅の信頼をおいて、任せるのです。「親は仏さま」と知っているから、信じるのです。

虐待する親は、その信頼を裏切ったことになります。それは、大人同士の裏切りではなく、仏さまを裏切ること、つまりは我が生命を裏切っているのです。

子供に愛を注ぐのは、我が内なる仏に愛を送ることです。子が親を愛するのは仏さまが親の心に宿っていると知っているからであります。

お大師さまが、このような教えを説くのは、お大師さまご自身が、両親から愛をいっぱい受けて成長したからでした。幼いお大師さまを、ご両親は「貴うもの」といって大切に育てた、と伝えられます。お大師さまがいきいきとした賢い少年だったからでしょう。

しかし、それだけでなく、子は仏さまからの授かりものという、ご両親の篤い信仰心によるものだったと、私は思っています。

子は、みな宇宙の宝です。仏さまなのだと思えば、虐待はおさまりましょう。まずは、親の心をとりもどすことから、虐待の防止は始まります。

仏さまの慈悲を感じる心が、親というものの心であります。親を親として敬う心を、もう一度社会に根付かせたいと、私は「心の再生」を強く祈るこの頃です。

生きとし生けるものの生命とは、みな同じもの

親子は、この世の人間関係の原点です。

お釈迦さまは親と子の心を『父母恩重経』で説法しました。子に対して親の恩を説いているものです。

「父母の恩重きこと天の極まり無きが如し」お前たちは、どうして親の恩を忘れてしまったのかと、お釈迦さまは衆生の心の弱さを戒めました。

親の恩を知ったとき、太古から連綿と生命を育ててきた先祖の恩をも知るのです。仏さまの生命の力を感じ取るのは、「あぁ、私は独りぼっちでここにいるのではない、私の体内には数えきれないほどの昔から続いている生命の力が込められている」と思えた瞬間でしょう。

親を思うことは、自分を思うこと。仏さまを思うことは自分を思うこと。仏さまを思う

ことは生命そのもの、私たちが生きている地球を、社会を思うことにつながるのです。

母親を亡くした息子は、大切な親の供養に、もっとも功徳のある『大日経』を写経して供えたのです。この経典が、どれほどパワーを持つものか、お大師さまは説くのです。ご自身が、若いときに出会って衝撃を受けた経典の、本当の力を伝えようという、お大師さまの気迫がこもった著作です。

大日とは、私たちがいつも見ている太陽とは似て非なるものであり、大の字をつけて区別しますが、これを「摩訶」といいます。

「摩訶」とはサンスクリット語でありますが、漢語に訳すと三つの意味があると、お大師さまは説きます。

一つには、縦と横とに限りがないから大という。二つには、数量が多くの国土をくだいて微塵にした数よりももっと多いからであり、三つにはもっとも勝れているものだからであります。大きいこと、多いこと、すぐれたことを表現しているものです。

「大きいことはいいことだ」というのが密教ですが、この「摩訶」こそが「大」であります。

摩訶不思議、などとも使われます。

大いなる真言である摩訶般若波羅蜜多心経。

般若とは、御仏の智慧であります。御仏とは、大日如来です。

大日如来が、生命の源流であります。生きとし生けるものの生命とは、みな同じもの。それが密教の基本であります。

あなたも、わたしも、空を翔ぶ鳥もペットの猫も犬も、海を泳ぐ魚も、風にそよぐ葦も、街路樹も、この地上に生命を現しているもの全て、等しく大日如来からいただいたものなのです。

私たちはどこからやって来て、どこへ行くのか。存在の原点が、私たちには見えません。それでも、私たちは確かに存在しているのです。生命もまた、目には見えませんが、あらゆる生きものを生かしていることは確かなのです。

その生命エネルギーのもとが、大日如来で、生命の根源がもつ智慧を般若と呼ぶのです。私たちを生かして下さるエネルギーを、密教では「慈悲」と呼んできました。慈悲のはたらきによって、生命が育まれ、苦しみは癒されて、生きる力が湧いてくるのです。

この慈悲のはたらきが、智慧の泉から湧いてくるのだ、ということができますが、さて、苦しみを癒すにも、どうやって癒すかを知らなければ癒すことはできません。

救いたいと思っても、救う手だてを知らなければ、救うことはかなわないのです。智慧が完全になって初めて御仏になるわけです。

煩悩とは外界のものでなく、わが心中にあるもの

「大毘盧遮那」を漢語に翻訳すると「除闇遍明」だといいます。闇を除いてあまねく明るい存在、完璧な光こそ、大日如来です。

「明暗、他に非らざれば、信修すれば、忽ちに證す」

悩みや苦しみというものは、決して他のものが作っているのではない。みな自分の内なる世界から、心の闇から生まれたものだ、とお大師さまは言っておられるのです。

そうであるなら、まず私たちは自分自身の心の闇をみつめてみることから、始めねばなりません。

誰の心にも闇はあります。その闇を、見たくないと顔をそむけていたり、あるいは「ないもの」として振る舞っていたのでは、ほんとうの自分と出会うことは難しい。

はじめは闇のなかで、曇った目でみつめるのですから、手にあたるもの、あるいはボンヤリみえるもの、波動を感じるもの、すべてが実在していると思い、これに心を悩ませます。

この闇を取り除けば、自ずと明るい心になる。それが「除暗遍明」です。

お釈迦さまは、三十五歳のときに菩提樹の下で大悟を開かれました。このとき、悪魔が十軍を張ってお釈迦さまを取り囲み、悟りに至るのを邪魔したのです。

このときのことを詳しく記しているのが、密教の開祖とも伝えられました龍樹菩薩《りょうじゅぼさつ》の「智度論《ちどろん》」ですが、私たちはこのお経によって、煩悩の悪魔と戦う術を教えられます。

悪魔の十軍とは、貪欲に始まり、憂愁、飢渇、愛欲、睡眠、畏怖、疑惑、含毒、利養、高慢の順に襲ってきます。

お釈迦さまは、煩悩とは外界のものでなくわが心中にあるものと知り、智慧をもってこれを照らしたのでありました。わが心の闇にうごめくこれらの「悪魔」は、智慧の光に照らしてみれば、やがて降伏して我が味方となりました。

闇のなかに「有るもの」を、悪だと処断して闇のなかに置き去りにしてしまえば、闇はますます深くなり、見えるはずの部分までが閉ざされて見えなくなってしまいます。心が閉じる、ふさがれる。それでは生命の活動は小さくなってしまいます。

矛盾を抱えながら生きる人間という存在は解き放たれたいと願いながら、自分で自分を縛ります。さまざまなしがらみ、習慣、なにかを失うのではないかという不安や恐れ、執着する愛情……。

そんな人間たちに、いくら般若の智慧の素晴らしさを言葉だけで説いても、「頭ではわかるのだけれど」と、いうことになってしまいます。お経の功徳とは、全身全霊をもって読んで初めて自分が感じるものなのです。

暗きに背いて明に向かう

「陀羅尼とは仏、光を放つ、光の中に説く所なり。是の故に陀羅尼と明と、その義異ならず。呪は仏法未だ漢地に来らざる前に世間呪禁の法なり。よく神験を発して災患を除く。今この陀羅尼を持する人もよく神通を発し、災患を除くこと呪禁の法と相似す」

明とは、心を開くことに通じます。心を閉じていれば光は入ってこない。心の闇とは、御仏の智慧に背を向けてしまったところから生まれるものであります。

「背暗向明」とも、お大師さまは教えます。

病気のこと一つとっても、そこには闇から明るい世界への道があります。心の有り様を変えていくことによって抜け出すことができると、お大師さまは教えるのです。

すべては「背暗向明」というキーワードにあるのです。朝、暗い気持が心を覆っていたら、これに背を向けて笑顔で「おはよう！」と言ってみましょう。独り暮らしなら、鏡に写る自分に明るい笑顔を向けてもよいのです。

昇る朝日に向かって合掌する習慣をつけてもいいですね。そのときには、どうぞ「オンナボギャベイロシャノウ　マカボダラ　マニハンドマ　ジンバラハラバリ　タヤウン」と、光明真言を称えて見てください。続けていれば、きっとよい方向に向かいましょう。

真言がもたらす力は、無限のものであり、それが教えの秘密なのであります。

生命とはこの世で悟りの世界を得ることができるほど、無限の力をもっているものであり、そのことを教えるのが、真言密教なのだと、お大師さまは説きます。

「暗きに背いて明に向かう」と、お大師さまは「背暗向明」の教えを説きました。真言密教の真髄を教える言葉であり、お大師さまが衆生に教えたかったことであると、私はこの言葉を大切にしています。

「ないものはない」

しばらく前の『朝日新聞』の報道ですが、私が目をとめた言葉がありました。

「ないものはない」

これは、島根県隠岐諸島の一つ、中ノ島にある海士町に移り住んだ、中根健太さんという三十歳（平成二十四年八月）の青年の言葉です。

中根さんは、町が公募した「あま環境ネットワーク事務局員」になりました。この町は、エネルギーを島の内で自給し、環境保全をしながら地域モデルを作ろうとしています。「島には生きるためのもので、ないものはない」と読みました。島は豊かで魚介も米も野菜も島民が食べる食料は自給自足できるそうです。エネルギーも、太陽や風力、木材や海藻もエネルギー源に活用することを考えているようです。

都会と同じような便利さはないかもしれませんが、「ないものはない」という言葉が、日本海の小さな島から聞こえてきて、嬉しい気持になりました。

このような試みを実行しようとしている町の人たちは、明るい未来に向かって歩いているのです。

こう言った方は、気づいておられないでしょうが、じつはこの「ないものはない」という言葉こそ、密教の教えそのものであります。

なんでもある。それは、一つだけでことが足りるということではありません。さまざまなものがあって、人々が必要としているものが足りているのです。

少欲知足であり、大欲であります。一人ひとりが必要としているものは、少しのものでありましょうが、これが集まれば、「ないものはない」、大きな欲になります。互いの欲しいものを分かち合えば、生命のネットワークが活発にはたらいて、輝きを増します。

曼荼羅とは、自分の欲は小さくとも、他の人のために大きな欲を持つ一つ一つの仏さまが集まって、無限のパワーを持つ大日如来という完璧な世界を現出させています。

一つの価値観だけではない、たくさんの可能性を認めると、「ないものはない」という世界になるのです。

私たち日本人は、じつは「ないものはない」幸せのなかに生きています。

まずは平和な社会に生きていることの尊さに気づきましょう。そして、衣食住があることを、再認識してください。たしかに、生活保護を受ける人たちが増えています。孤立死してしまう人もいます。しかし、まだ、手を差し伸べれば、問題を抱えた人たちを救う手立てはあると、私は信じています。

もっと、気づくこと、もっと動くこと。弱くなった人のために、政治も行政も、地域も、人々も、心を配ることによって、悲しい事態は避けられることが多いはずです。

そして、なんといっても「飽食」はいまだ続いています。世界中から食材を集め、グルメだといって豊かな食卓を作っています。しかし、食糧の自給率は大変に低い現状を知っている人がどれほどいるでしょうか。

もっと、日本国内で作れるものはたくさんあります。どこかで、食糧行政のボタンを掛け違ってしまったのではないかと、私は考えています。

毎日、たくさんの食料が食べられずに捨てられている現実もあります。どうしたら、必要なものを必要なだけ摂取する食生活を取り戻すことができるでしょうか。『大日経』は、偉大な太陽のパワーを説いている経典でありますから、なにかヒントはないものかと、考えながら読んでいます。

そこに、この「ないものはない」という言葉に出会いました。そうだ、日本人はこの言葉を忘れてはいないだろうか、と思いいたったのでした。

大日如来は完璧な存在であります。しかし、完璧なだけに、足りないところだらけの衆生には、まぶしすぎる存在でもあります。そこに、さまざまな菩薩や明王たちがおられて、それぞれの得意分野で、私たちの悩みを聞き、解決してくださるのです。

「本来の仏の自然な智慧は、すでにすべての暗闇を離れている」と、経文にあります。

覚りとはありのままの自分の心を知ること

仏さまを信じ、その自然の智慧をいただけば、知らず知らず闇に背を向けて、明るい光に向かって歩いているのです。

闘病生活を送っていた人が言いました。「気がついたら、できることが増えていました」

と。最初は、ベッドに横たわったままだったのが、起き上がれたときには喜びが全身を駆け巡ったといいます。その喜びは、まもなく忘れます。ベッドから降りて歩けるようになったのです。もっと大きな喜びでした。そうして、喜びが重なるたびに、苦しかった記憶の一つ一つが薄れていくのです。

仏さまを信じていると、このような積み重ねのなかで、心が晴れていくのです。毎日平穏にくらすことができる。これだけでも、じつは幸せなことです。家族が仲良く暮らすのも、幸せです。健康に暮らせることも幸せなこと、日常を日常として暮らすことができるのは、じつはとても幸せなことだと、知っていますか。

朝、気持ち良く目が覚めるのは、健康のあかしです。「あー、気分がいいなあ」と、思わず感じます。それが、あるがままの心であります。

覚りとは何かといえば、ありのままの自分の心を知ることだ、というのです。しかし、笑顔で始めた一日を笑顔で「ありがとう」と合掌して床に就く。こんな毎日を送れている人がどれほどいましょうか。

みな、一日にうちに怒ったり、怨んだり、妬んだり、あるいは自慢してみたり、グチったりして、せっかくの笑顔を忘れてしまいます。

どうしたら、仏さまと生きる心を保つことができるでしょうか。真言を唱え瞑想を深めることだと、お大師さまは説きます。

「心に太陽を、唇に歌を」という言葉がありますが、「心に大日さまを、唇に真言を」と、申しておきましょう。

心をどのように保つのか。それが、覚りを求める心であります。

説教という言葉は、どうも敬遠されるニュアンスで使われていますが、本来は良いことを教えるものであります。「教える」という言葉が、現代ではずいぶん間違った方向に行ってしまっているようにも思います。

どんな子も仏の愛に包まれて生まれてきている

私は今、日本列島の闇に広がる「いじめ」に心が痛みます。この闇を取り除いて、子どもたちの心に明るさを取り戻したいと願っています。

まずは、親と子の心を交流させるところから、明るい世界への道が開けると、信じています。

仏教は親子の関係を絶つものだと思っている人がいるかもしれませんが、お大師さまは肉親の愛情を捨てたことはありませんでした。

エリートコースを外れて出家して、親や肉親は心配しましたが、愛情まで捨てたのではありませんでした。後のことになりますが、高野山を開いたとき、修行のために女人禁制としましたが、お母さまのために、女人高野と呼ばれる寺を建てました。

どのような道を歩こうとも、互いに信じ合って生きることはできるのです。

千二百年余り前のことですが、エリート官僚への道を捨てて、仏の道を求めたお大師さまにとって、日々を飽食して遊び、口先ばかり達者で世渡りをはかる上流階級の子弟たちの心が、どれほど空虚であったかを若きお大師さまは知ったのです。

なぜなのか。その答えの一つを、お大師さまは父母との絆に求めました。

都で暮らす貴族たちの中には家庭よりも、自分の栄達や遊びを優先させる者たちがたくさんいたと思われます。宮廷には権力をめぐる陰謀が渦巻き、親でも兄弟でも闘争の対象として、失脚させたり、果ては殺してしまうこともありました。

そうした暗闘の果てに、やがて平安時代が幕を開けていくのです。

それは、仏さまの道に通じる人間の道ではないと、青年お大師さまは深く憂いていたのでした。

どうしたら、人々を救うことができるのだろうか。お大師さまが道を求める発心には、その憂いがあったと、私は学んでいます。

親とは、子とは。それは生命にとって、どのような存在なのか。もう一度、考えてみたいと思います。親を敬い子を貴ぶのは、生命の原則によるものであります。人間が本来持っている「あるがまま」の、仏さまの心であります。

あなたは、親と心を通わせていますか。出家した者も在家の信者も、親子の絆は心の交流です。

親には、子に伝える生命の情報があります。子はそれを受け継ぐ役目があるのです。親のいない子はいません。親がいたからみなこの世に生まれてきたのです。

どのような状況で生まれてきたのか、これもまた千差万別です。祝福されて生まれてきた子もいれば、悲しみや苦しみを背負って生まれてきた子供もいます。

どんな子も、みな仏さまの愛に包まれて生まれてきています。しかし、その愛を知るために、人生の旅が始まります。

生命のネットワークと、私が説いている天上に編まれた網の一つ一つの結び目に、親と子は結ばれているのです。

生命の光の川は、めぐりめぐって連綿と続いています。親というものは、たとえ血がつながっていなくとも、子と思って育て、わが身がこの世で得たものを伝えようとする存在であります。

「孝養の一事は在家出家の別ある事なし。出てし時新しき甘果を得れば、将《も》ち去りて父母に供養せよ。父母之を得て歓喜し、自ら食うに忍びず、先ず之を三宝に廻らし施せば、則ち菩提心を啓発せん。父母病あらば、牀辺《しょうへん》を離れず、親しく自ら看護せよ…」

美味しいもの、珍しいものをいただいたなら、まず親に食べさせたい。そう思う心を持つようにと、お釈迦さまは説きます。

親が病気になったら、傍について薬をすすめ、医師と相談をしながら看病するように、いつも親への感謝を忘れてはいけないよ。そう教えます。それは親が子を育てるときの心でありました。

親は、美味しいものがあれば、自分より子供に食べさせたいもの。病気になれば、自分が代わってやりたいと傍を離れないものであります。

その心を知るように。お釈迦さまは、そう説いているのです。

一人ひとりが功徳を積めば、その光は他の人の闇を取り除く

最近、親たちが教師や学校にクレームをつけるケースが多く、それが理にかなっていればともかく、わが子可愛さ、身びいきのものが少なくないそうで、「モンスター」などと

呼ばれる親たちがいるのです。

教師や学校に問題がないとは申しませんが、親たちの姿勢も考えものであります。「己が悪を誅《せ》めずして」という、反省の心を忘れた日本人が、社会に小さな穴を開けて、知らず知らずの間に大きな落とし穴をつくっているように思えてなりません。

しばらく前になりますが、母親が入院して点滴を受けている我が子に、点滴薬に水だったでしょうか、そっと混入して死なせてしまった事件がありました。

母親は心を病んでいたようですが、自分が子どもの看病を必死でしている母親だと、周囲に認めさせようとして、子どもを病気にしていたのです。愛を間違えてしまって、心を自縛した悲しいケースでありましたが、誰の心にも、その芽はあるかもしれません。

じつは、一家の主婦が精神疾患を患うと、なかなか気づかれずに悪化していくケースが多いと聞きました。家族は、少し変だと思っても、本人の自覚がないので、医師に診せるきっかけをつかめないのだそうです。本人はとりつくろっていると、わかりません。

自分の心をしっかり見つめることができる大人が少なくなっているのでしょうか。自分の弱さを認めずに、他の責任ばかりを責めている人のなんと多いことでしょうか。

「ないものはない」のが、我が心であります。よくよく観れば、物も愛も智慧もあふれている我が心に気づくことでありましょう。

この「隆崇頂不見」の巻では、孝行息子は両部曼荼羅と大日経を仏さまに捧げながら、仏さまが現れてほしいと願い、懺悔し、供養します。

日常生活でおかす身口意との三つの行為の過ちを懺悔する力によって、すみやかに不善の網を断ち切り、もろびとの受戒の功徳によって、早く覚りの道を歩きたい。お大師さまはそう祈りました。

自分だけのためではなく、一人ひとりが功徳を積めば、その光は他の人の闇を取り除くのだと、「諸人受戒の功徳」という言葉が教えています。その光は、かならず我が身をも照らす大きな光となって、返ってくるのです。

親子の絆とは苦しみも分かち合う大きな愛

すべては一人のために、一人はすべてのために。孝行息子の供養を語りながら、お大師さまは生命のネットワークの大切さを教えているのです。

どれほど見上げようと、仏さまが住んでおられるという高い峰の頂を見ることはできません。見えない頂を見上げて、我が心を照らす光を灯すことで、私たちの心の闇は取り除かれていくのです。

「父とは金剛界恵《え》の法門なり、母とは胎蔵界定《じょう》の法門なり、父母とは金胎両部の曼荼羅なり」

高野山中興の祖といわれる興教大師覚鑁《かくばん》上人は、このように父母の恩愛を『父母孝養観念』のなかで教えました。

母親は、子供が胎内で育つときから一体感を持つことができますが、父親が親であることを実感するのは、やはり子供がオギャーと生まれてからのこと、抱いたり、話したりしながら子供を見守るようになるのです

興味深いデータがあります。一九九五年にアメリカの雑誌『ネイチャー』に掲載された、カリフォルニア大学のニコラス・クリステンフェルトとエミリー・ヒルという二人の研究によるものですが、一歳児の写真を見せられた人の多くが「パパに似ている」と判定するというのです。自分に似ていると認識することで、父親は我が子に愛着を持つようになるという「進化の不思議」だと、サイエンス作家の竹内薫氏が述べています。

母親は、身体の一体感で我が子と認識していますが、父親は、その「不思議」な作用によって、安心を得るのでしょうか。

仏さまの愛は我が子への愛と同じでありますから、父親という認識を得ることは仏さまの愛を得たことになります。

親子という絆を思うとき、そこには苦しみも分かち合う、大きな愛があることに気づきます。

私ども行者は、行によって仏さまと一体感を得て、その力を苦しむ人に分ちます。つまりは、苦しむ人へ、親のような愛を注ぐようにという教えなのだと、私は信じています。生きとし生けるものはみな、いつかは生命の故郷に帰ることを知れば、真の安心を得られるのです。そのために、日々、喜びをもって精進を重ねるのです。

五

「大」の心で生きる

大きいことに挑戦すれば大きく返ってくる

さて、この章では「大きいことはいいことだ！」というお話をします。

お大師さまが説く『大日経開題』の「三密法輪」の項に、「大」ということについての記述があります。

このごろの日本は、「大きいこと」に対する畏敬といいますか、憧れといいますか、心を向けることが少なくなっているように思います。

気宇壮大、心を開くことは、心を大きくすることであります。海外留学を志す若者が少なくなっているといわれますが、自分の生きる世界を自分で広げてみようという大きな心がほしいと、私はいつも願っています。

野球で活躍している高校生が、いきなりアメリカのマイナーリーグと契約をして海を渡ります。日本である程度有名になってから、メジャーで活躍したいという選手はたくさんいますが、最初から、それもメジャーより格下で苦労が多いマイナーリーグからやってみようという勇気に、私は拍手を送りました。

大きいことを、探してみてください。そこには、苦労や挫折を恐れない勇気を見つけることができるはずです。

「スモール　イズ　ビューティフル」と、小さいことがかっこいいともてはやされていますが、もっと、大きいことに挑戦してください。その成果はきっと「大きく」返ってきます。

大きく願えば、大きくかないます。しかし、じつは、その「大きい」という中身がとても大切なのだというのが、そのお話であります。

この項の「三密」とは、身口意に備わった「秘密の」つまりは仏さまの力のことでありますｊ。この教えは、大きな輪のように、常に回っていて、誰の心でも得られる「一つだけの」心、大日如来の覚りのことであります。

「仏心すなはち我が心、我が身、仏身を離れずと知らず」

お大師さまは、説きます。

私たちの誰もが仏さまの心、仏さまの身と離れることなく存在しているのに、これがわからない者が多い。

宝の珠を抱いていることを知らずに、貧しい村をさまよい、極上の味を包んでいるのに、常に毒を飲んでいる。

目を覚まして、自らの心を見つめて磨くように。お大師さまは、言葉を尽くして教えて下さるのです。

あるいは、お大師さまは別の言葉でも導きます。

「心暗きときはすなわち遭うところことごとく禍《わざわい》なり。

眼《まなこ》明らかなれば途《みち》に触れて皆宝なり」（『性霊集』）

私たちは、ほんとうは光の世界に生きている「光の子」なのです。一寸先は闇などという格言は、まさに私たちが仮の世の偽りの光のなかで暮らしていることを表現しているものであります。

ほんとうは、心に光が満ちていなければならない。そうでなければ、光の世界に生まれてきた意味がないのです。

「大」とはグレイトの意味

即身成仏とは、心を光でいっぱいに満たす教えであります。

私たちは、暗きところから生まれ出て、光に向かって歩き続けているのです。この世の終わりが冥の道であろうとも、その先には必ず光の世界があると信じて生きるとき、内なる仏さまは帝網の珠をシャンデリアのように輝かせて、旅の前途を照らします。

顕在意識には見えなくとも、心に灯が灯れば、潜在意識は間違いなく光の道に連れていってくれるのです。

「背暗向明」。暗き闇に背を向けて、明に向かって生きるのです。

自分の心のなかに真理の世界があるのですから、自分の世界を闇に置いたままでは、かげがあって見えるはずのものも見えないわけであります。

仏さまの教えの行き着くところ、「覚りの世界」は、「調和」と「円満」の世界でありす。しかし、この世に生きることは、丸く円満に物事が運ぶことのほうが少ないのです。

尖った三角もあれば、角ばった四角のような気持ちで過ごす日もあります。

三角の心があるから、丸い心のよさがわかります。尖った先で感じる鋭い痛みが教えてくれる智慧もあります。四角い形が整えることを教えてくれもします。

曼荼羅をみれば、さまざまな姿をした仏さまが並んでいるのです。しかし、どの仏さまにも共通しているのは、人々を救うために、そのすべての力を出して、フル回転しておられることであります。

私は、「身口意をフル回転して」と、いつも申します。全身全霊を尽くして、ということでありますが、「三密」というお大師さまの言葉が私の血肉となっているので、身口意というほうが、まさに生命のあらゆるところを生かしているように感じているからであります。

身口意のどれが足りなくても、大日如来から分けていただいている生命は、完全燃焼できません。大日如来は、また大毘盧遮那といいます。この「大」ということについて、お大師さまは詳しく説いているのです。

大とは、英語でいえば、ビッグではなく、グレイトの意味になりましょう。

この項で、お大師さまは大には、十三の大があるとします。果大、因大、智大、最大、勝大などなどであります。

いずれの「大」も、宇宙そのものを表現しているのだと、私は学んでいます。

「大」を生きることとは宇宙を感じながら生きること

私は、幼い時に空に広がる仏さまに出会いました。いまにして思えば、それはまさに宇宙にあまねく満ちている大日如来そのものを、私に感じさせてくださった、仏さまのお心であったと思えてなりません。

子供のころの私は、野原によく寝そべって、文字を書く練習をしました。虚空に向けて指で、たとえば「山」という字を書きますと、空中に書いたその文字が、ぐんぐん大きくなって、力強く空に広がるのです。何度書いてもそうなります。あまりに不思議なので、あるとき、寺に出入りしている行者に訊いてみました。すると、その行者は、こういいました。

「普通の人は、棒ほど願っても針ほど適うだけだが、あなたは針ほど願って棒ほど適う生まれをしている。そのことを仏さまが示してくれているのだ」

この言葉は、のちのち私の母も言っていました。「それほどの強い霊力を持っているのだから、それに頼ってはいけない。その霊力を生かして、人のために祈るように」と戒めてくれたのです。私は、そのためにむしろ気や霊の力を押さえようとしてきました。ただ気や霊を察知する力を保ち続けようと行をしているのです。

私の寺においでになる方たちの多くは、よくない霊のはたらきで苦しんでいます。そうした霊のはたらきを知って、それなりの祈りと対応をするためには、霊を察知する力がなければなりません。

行とは、仏さまの生命力だけでなく、そのような悪い霊を正しくとらえて、よい霊に変える力を磨くものなのです。

子供のころのように、空に向けて書いた文字がぐんぐん大きくなるのは、いまも同じです。しかし、私の体力が弱っているときなどは、書いても大きくなりません。

私は、母の胎内にいた時から行をしていました。父も、生涯でもっとも激しい行をしていた時に、私は生まれました。代々続く行者の家系のＤＮＡと、両親の行のおかげで私にはそのような力がそなわっていたのでしょうか。

私は、小学校へ通うようになると、父といっしょに行三昧の生活が始まりました。遊ぶ暇もなく、辛いと思ったこともありましたが「日本一の行者になりたい」というお腹の底から燃え上がるような熱い思いが、私を支えていたのです。

小学校五年生の春でした。

その日も、午前三時から続いていた父との護摩行が終り、ほっと一息ついたのが午前九時ころでした。

表に出て、私は何気なく空を見上げたのです。すると、晴れ上がった空いっぱいに、金色に輝く巨大な仏さまのお姿が見えました。びっくりした私は、その仏さまを見上げているうちに、思わず涙をこぼしていました。

ああ、仏さまはこのように私を見ていてくださるのか、父の厳しい「行」は無駄ではなかったのだ、という、全身からこみあげてくる喜び、それは「法悦歓喜」ともいうべき感情の高まりが、涙となってほとばしったのでした。

大空いっぱいに広がった大きな仏さまは、いまにして思えば、たしかに大日如来でしたが、あの時の恍惚となった神秘体験は、私にとって初めてのことでした。

空に書く文字が大きくなる体験は、その後のことになります。

その神秘体験を思い出すたび、私は文字が好きになりました。成長して、お大師さまの事跡を学ぶようになって、文字にこめられた仏さまの力を知りました。

密教では、宇宙とか自然を、自分とは別の対象化した存在とは考えません。宇宙とか、自然は無機質の物体ではなくて、一つの生命を持つ存在とみます。

密教は、人間、動植物、自然環境など一切を含む宇宙を、生命をもった仏である大日如来と呼んでいるのです。

「大」を生きることは、宇宙を感じながら生きることであります。それは、自利利他を生きることであります。

仏の心で行うすべての行為は、そのまま宇宙のはたらきになる

「少年よ大志を抱け！」と、明治維新まもなく日本にやってきて青年たちを教えたアメリカのクラーク博士は言いました。人々よ、「大」の心で生きよ！　と、私はいま大きな声で叫びます。

青年だけでなく、すべての日本人に、「大」の心を抱いて生きてほしいのです。自分だけの利益を考えている間は、道は開けません。

なぜ、大きいことがよいのか。考えながら、大きく大きく心を育ててほしい。

大きい心は、煩悩さえも受け入れてより強い生命力として、より大きな心になります。大きな心で他の人を育て、慈しみ、手を貸して助け合って生きてほしいと願っています。

お大師さまが説く「大」の二つ目は「相大」といいます。ガンジス河の砂の数に等しいほど限りない身体の秘密のはたらきが不可思議であって、互いに溶け合って一体となり、作用しあってさまたげがなく、微細で互いに限りなく重なり合って尽きることがないことを表しています。

「大」とは、独りだけで大きくなれるわけではないと教えているのです。

生命が行う行為とはたらきは、仏さまの本体と同じく宇宙に満ちています。「大用《だいゆう》」と呼ぶ「大」ですが、行為とはたらきとがすべてあまねく本体と同じく充ちていますから、仏の心で行うすべての行為は、そのまま宇宙のはたらきになるというのです。

このように、私たちは仏さまと一体であることを知って生きることが「大」というものの本質であると、お大師さまは説いているのです。

密教の教えで、他の顕教と違うのは「大欲」の教えだろうと思います。

お大師さまが、もっとも大切にした経典が『理趣経』であります。この経典は、人間の生き方について説いています。

生きることは欲という燃料によって前に進みます。この経典には、欲について、さまざまなたとえがでてきます。

食欲、性欲、名誉欲、財産欲などなど、きりがありません。この経典は性欲について書いてあるからと、特別視する人もいますが、そうではありません。

煩悩は生命力の一つだと、そのままを受け入れて、それでは欲とは何かと説いているのです。

禁欲的という言葉がありますが、密教は否定するより肯定を、切り捨てずに受け入れようという教えですから、欲に対するとらえ方は、大きく深いものがあります。

「大欲」とは、小に対する大ではないのです。仏教でいう大とは、相対的な大ではなく絶対的な大であります。

偉大、絶大、広大……みなみな何かと比べて大きいのではありません。「大」という比べることができない絶対的な大きさを伝える言葉であります。

欲をとことん大きくしていくと無私の欲になる

観音様は大悲観世音菩薩です。大悲とは、大きな慈悲という意味ではありません。ここでいう「大」とは比べることができない絶対的な「大」でありますから、自分のエゴを捨てているということであります。

だから、欲をとことん大きくしていくと、限界を超えてオレがオレがの欲ではなく、無私の欲になり、これを育て上げろというのが大欲なのです。

みんながオレがと思うから、醜くなって汚らしくなる。それを全部捨ててしまう欲望に育て上げるには、どうしたらよいかという教えであります。

そうなると、自分の範囲で欲を考えないで、社会のため、世界のため、人類の為に、その欲をどう生かすかを考える。質的に転換していかないところが説かれています。

エネルギーを殺さずに、エネルギーを他を生かすために向けていく。一人称だけを大文字で書く。それは英語文化の発想ですが、こうした考えをすべて捨てて、生きとし生けるもののなかで欲を生かすことを考える。

そうして、「大」を考えていきたいのです。「大」を象徴するのが、般若心経だと、私は考えています。この短い経典には、仏さまの教えがすべて込められているといいます。宇宙とは何か、生命とは何か。みな『般若心経』が説いているのです。

なぜ、『般若心経』が、かくも広く長く、最も尊いお経とされてきたのでありましょうか。仏教的に申せば、それは尊いままに、つまりはそれこそが般若心経の持つ大いなる力だ、ということであります。

摩訶般若波羅蜜多心経。

お題目の「摩訶」とは、摩訶不思議、などとも使われますが、大きいこと、多いこと、すぐれたことを表現しているものです。

「大きいことはいいことだ」というのが密教ですが、この「摩訶」こそが「大」であります。大いなる教えであると、うたっているではないか、いまさら何を言っているのか、と御仏に笑われそうであります。

いま、密教ブームだと言われております。私のもとへも、若い人や外国人までが弟子になりたいとやってきます。

長い間、密教は難しい教えだといわれてきました。何やら秘密めいた、言ってみればオドロオドロしい感じさえ与えてしまったのではないか、と思います。

ことに近代、西洋思想が入ってまいりますと、理論で説明しきれない超常現象は、合理的ではないと排除されました。無条件で信じるということは、ときに危険だという考えが、人々から宗教を遠ざけていったように思います。

外へ外へ。人間の持つ能力を社会の発展や機械つまりは生活から武器に至るまで、あるいは地球の自然、宇宙までもと、外なる部分を開発してきた人間が、いまもう一度内なる自分に立ち返ろうとしています。

般若心経は無限のパワーが秘められている

内へ、内へ。二十一世紀は、そんな時代になるのではないかという予感がします。それは、科学と遊離した宗教ではなく、科学とともに、心とは何か、人間とは何かを追い求めていく、内と外との統合の時代に入ったのだと私は受け止めております。

ほんとうは、内なる世界も外界も同じものだ、と密教は教えます。自分がなければ、自分が認識する世界はないのです。しかし、認識がなくとも、存るものは在るのです。生命とは、あらゆる形態を取りながら存在するのであります。

究極の、生命の形、と申しますか、それが般若心経の教える世界のことであります。

お大師さまは、般若心経を大いなる真言、つまりは「呪」だと教えられました。陀羅尼つまり真言とは、明るいものなのだ、と言っておられるのであります。

御仏が光によって伝えて下さるエネルギーに呼応するものが、すなわち陀羅尼でありますから、般若心経がどれほど大きな力を持っているものでしょうか。それは無限のパワーを秘めているのだ、と私は信じています。

明とは、心を開くことに通じます。心を閉じていれば光は入ってこない。心の闇とは、御仏の智慧に背を向けてしまったところから生まれるものでありましょう。

興味深いのは、仏教が中国に入る前には、ほかの呪法が彼の地にあった、とお大師さまが述べておられることであります。人間が遠い昔から、というよりは、遠い昔には、大いなる自然の力をよく知っていたのです。

どうすれば、宇宙に満ちているエネルギーを取り入れて、生命力を高めることができるのか、「大」の力を、古代の人々が知っていた知恵が真言になったのでありましょう。

般若とは、御仏の智慧であります。御仏とは、大日如来であります。くりかえしになりましょうが、密教の教えを申します。

大日如来が、生命の源流であります。生きとし生けるものの生命とは、みな同じもの。それが密教の基本であります。

あなたも、わたしも、空を翔ぶ鳥もペットの猫も犬も、海を泳ぐ魚も、風にそよぐ葦も、街路樹も、この地上に生命を現しているもの全て、等しく大日如来からいただいたものなのです。

そうでなくして、どうして生まれて育って老いて死ぬ、期間こそ違え、同じサイクルで生きるのでしょうか。

誰にいわれたわけでもないのに、赤ん坊は日々大きくなっていきますし、植物も育ちます。

般若とは、御仏の智慧であります。御仏とは、大日如来であります。私たちはどこからやって来て、どこへ行くのか。存在の原点が、私たちには見えません。それでも、私たちは確かに存在しているのです。

生命もまた、目には見えませんが、あらゆる生きものを生かしていることは確かなのであります。その生命エネルギーのもとが、大日如来でありまして、生命の根源がもつ智慧を般若と呼ぶのであります。

身口意の調和こそが仏さまの道への歩き方

私たちを生かして下さるエネルギーを、密教では「慈悲」と呼んできました。慈悲のはたらきによって、生命が育まれ、苦しみは癒されて、生きる力が湧いてくるのです。

この慈悲のはたらきが、智慧の泉から湧いてくるのだ、ということができますが、さて、苦しみを癒すにも、どうやって癒すかを知らなければ癒すことはできません。救いたいと思っても、救う手だてを知らなければ、救うことはかなわないのであります。

智慧が完全になって初めて御仏になるわけです。

完全なものを目指す道の一つが「大」であろうと、私は考えています。

お大師さまは、身体と口と意《こころ》の調和こそが、仏さまの道への歩き方なのだ、と、繰り返し教えています。身体と言葉とが一致することによって、意《こころ》がすぐれてはたらきます。

それは、大日如来が美しい宮殿でくつろいでいるような境地なのだと、お大師さまは説くのです。

小さな自分にこだわっていたのでは、いつまで経っても自在の境地を得ることはかないませんね。

自分を見失ってはなりません。しかし、その自分にこだわってもなりません。

中心を取る。自分の中心をしっかりと安定させますと、ほかは自由に動きます。行を精進する僧侶、武道や氣功に熟達する人、洋の東西を問わず舞踊する人、音楽家、演劇人、スポーツ選手などなど、身体の動きと心の表現を一体させようとする人は、この原理を知っているはずです。

欲望を肯定するのは、生きる力を肯定することです。生きる力となる欲望とは、どんなものなのか。それは、自分だけの欲望ではならないという教えです。

始皇帝が、ささやかな我が身の幸せだけを考えて生きていたら、どんな人生になっていたでしょうか。大きな大きな国家という民たちの幸せを考えていたから、秦が生まれました。それは、中国という統一国家の始まりになったのです。

始皇帝の役割を果たして亡くなったのだと、私は思います。人は誰も、それぞれの役割を持って、この世を生きているのではないかと、私は思うのです。

お大師さまは、そうした古今の事柄を踏まえて、こうした教えを遺したのです。

仏教以外の教えでは、本当の安心の世界にいたることはできない、と導いているのは、そうした事例をことごとく見据えていたからだと、私は受け止めているのです。

この人生を「大欲」を抱いて生きる

大きな欲望を持って生きた偉人たちに学ぶべきは、その人の影ではなく、世のため人のために尽くした光の部分でありましょう。

動乱の時代には、商機をつかんで大成功した実業家たちが生まれます。日本では、とかく儒教の影響が強かったうえに、徳川時代の士農工商の身分制度の思想から抜け出せず、商業人を軽視する傾向がありました。

しかし、成功した経済人には、それなりにしっかりした「自己」があり、さらに人々のために尽くそうとする「大欲」があったことが、わかります。

私は、行者として生きるこの人生を「大欲」を抱いて生きようと決意しました。若き日のこの発願は、そのまま「大きいこと」を目指す道を歩いています。

「世界平和の巡礼」は、まさに世界という「大」を人々のために平和にしたいという大きな祈りであります。

二十一世紀に入って、人類は破壊への道に入りかけています。それぞれの智慧をもってなんとか食い止めているのですが、危機は増すばかりです。宗教を基底に置く文明の衝突だという説が声高に唱えられもしました。

宗教は、本来は衝突を消滅させるために発生した智慧であります。人を殺すものでもなければ、みずからの生命を犠牲にするものでもありません。

幸せを求めて、人類はよりよい暮らしを考えてきました。しかし、人よりもよい暮らしがしたいと願い、人を押し退けて生きようとし、弱い者を利用して生きる者が後を絶ちません。

宗教という畏怖の思想は、原始的な形であれ、人類の発生から続いてきたものと思われます。そこに「ゆるし」と「いやし」の教えが登場したのが、仏教でした。キリスト教がこれに続きます。それなのに、宗教の名のもとに争いが絶えません。


宗教の原点に戻ろう。

私は、そのように提案し、世界平和を目指して、世界の宗教家と交流を重ねています。

その根底にあるのが、即身成仏に代表される、弘法大師空海、お大師さまの教えであることはいうまでもありません。

また、その願いが、鹿児島の私の寺に、大きな大きな弁財天の尊像においでいただく縁を得ました。

私の寺のご本尊、不動明王は、父親のイメージかと、私は思っています。

母親の存在を象徴する御仏をと、心の中で思っていましたら、とうとう弁財天が、私の寺、鹿児島・最福寺においでになりました。大きな大きな木彫り弁財天です。木彫り坐像としては、世界一です。

宇賀神を頭上に祀る「宇賀弁財天」で、当代随一の仏師、松本明慶師が彫りました。

日本に弁財天信仰を広めたのは、お大師さまだと伝えられます。唐からの帰途、厳島神社に立ち寄って弁財天を祀ってから、全国に広まったという伝説ですが、真言密教では弁財天をよくお祀りしています。

さらに、もう一つ、我が寺と弁財天とを結びつけるご縁が、江の島大師の開創です。お大師さまの東国行脚の折、岩屋に封印した龍女の回向で弁財天の塑像を作ったのが、江ノ島弁財天の起源です。

いまでは神仏混交を経て、弁財天は神社となっていますが、私が江ノ島大師を開創したとき、庭からお大師さまの石像が発掘されました。もとは、ここに真言密教の寺があったことを教えてくれるものだと、私は寺の庭にお祀りしています。

古代インドで「河の神」といえば、弁財天です。その名の通り、弁舌と学問を司り、あるいは琵琶を奏でる音楽の神、美声の説法者でもあります。母なる水を、生命の元素の一つとした御仏の教えには、水は流れてこそ生かされるという、「循環の教え」が込められていると、私は信じています。

私たちは独りで生きているのではありませんから、きっと誰かに支えられ、誰かの支えになっています。だれかを愛し、思い合いながら、私たちは生きています。

「陀羅尼とは仏、光を放つ、

光の中に説く所なり」

生命の光のなかで生きている私たち。流れの上流にはご先祖の霊があります。上流に嵐が襲い、風雨が荒れ狂えば、川の水は濁って逆巻きます。洪水のような激しい水が私たちの心にぶつかり、破壊していくのです。

水の流れが収まって、澄んだ水が帰ってくるように私は、その苦しみに祈りを捧げて癒したいと願って、日々精進を重ねています。

さまざまな存在が互いを尊重しながら共に生きていく

「見えないおかげ」に感謝して生きましょう。「おかげ」をいただくだけでなく、他の人にあげましょう。

人も我も大きな利益をと考えて、見えない「おかげ」の働きをするところに、仏さまの光が慈雨となって注がれるのです。

祈りとは、光を求めるもの。仏像は、その光をよりイメージしやすく助けてくださる御仏のメッセージなのだと、私は今日もご本尊に合掌します。

不動明王は火炎を背負い、人々を救済します。「読経したら、護摩を焚け」と幼いころから教えた父の記憶が私の護摩行の原点にあります。大弁財天の招来には母の祈りがありました。「火」と「水」とをお祀りしてこの世界のバランスを取り戻したいと、私は祈り続けます。

そして、みなさまのお力になりたいと願う私の祈りに応えて、御仏はこのように鹿児島にも江ノ島にも立派な仏像を授けてくださいました。

しかし、みなさまが祈る仏像は、無理をせず、できるものでよいのです。私も、若き日に鹿児島で再出発したときは、小さなお厨子に入ったお大師さまの像が一つ、リンゴ箱に半紙を貼って乗せ、毎日祈りました。

必要なものは、御仏が下さる。亡き母の教えをいまも胸に刻んで、みなみな大切に祈っているのです。

「大」とは、生命そのものであります。そもそも、私たちの生命は、「地・水・火・風・空・識」という六つの要素で成立っている、と、お大師さまは説きました。

それまでの密教は「地・水・火・風・空」を五大として、生命を創るものとしていましたが、お大師さまはこれに「識」を加えて六大としたのです。

五つの要素をまとめ、動かす「識」があって、初めて一つの生命として存在するのだと、教えたのです。

「大」によって、私たちは生かされているのです。

私たちは、「地・水・火・風・空」の恩恵に与りながら、またこれらの脅威を背負って生きています。「識」という陰の存在もまた恵みでありながら、一歩間違えると、生命を闇に迷わせるものでもあります。

私たちの生命を形づくっている「六大」がどのようなものであるのか、一つずつ観ていくことで、現代をどのように生きていったらいいのか、仏さまの道しるべを見つけることになりましょう。

そして、生命の旅はまた、この六つの要素がそれぞれ一つずつ独立して私たちの中に在るのではなく、互いに関連し合いながら存在していることを、教えてもくれるはずです。

何といっても、私たち一人ひとりの身体は小さな宇宙であり生態系であり、大きな宇宙のなかで地球という生態系と響きあいながら、前へ前へと生きているのですから。

お大師さまが説き続けた「山川草木悉皆成仏」とは、まさにこのようにさまざまな存在が、互いを尊重しながら共に生きていく世のことでした。

一つの種類だけでは、生きものが生きていくことはできない。たくさんの種類が交じり合い、助け合いながら生きているのが、生命というものの有り様なのです。

現在の言葉で言いますと、「多様な種で成立つ豊かな生態系」とでも置き換えられるでしょう。

それが、「大」の一つの姿なのだと、お大師さまは説くのです。

お大師さまは空海の名を持っています。空も海もまさに「大」そのものであります。

「海は広いな大きいな　月が昇るし、日は沈む」

この歌が、私は大好きです。海という宇宙をそのまま歌っているからであります。その海から私たちの生命は生まれてきたのです。

心に大きな空を抱きましょう。大きな海を抱きましょう。そして、大きな光に向かって、今日も明日も歩いてまいりましょう。

六

「大慈大悲」は宇宙のあらゆるところにあふれている光

子供が海に挨拶する心こそ、仏の心

私の故郷は、鹿児島県の大隅半島にあります。白砂青松という文字通りの美しい浜辺に広大な松林が広がっています。開発せずに、自然を残した静かな町です。

この東串良町の柏原《かしわばる》海岸に近い西大寺という両親の寺で、私は生まれました。

最近、東京で暮らす友人夫婦がこの地を訪れました。私の生家である「国見山西大寺」を訪ねたのでした。

その家で、幼い私は、毎朝、寺の境内にあるたくさんの観音像や弁財天の仏像、お稲荷様たちに、お茶やお水を上げ線香を焚くのが日課でした。
二、三歳のころからだったそうです。誰に言われたわけでもなく、兄や姉がしているのを、見よう見真似で始めたのでした。
そして、お稲荷さまに「どうぞ、僕を日本一の行者にしてください」と繰り返し祈っていたのが、小学校へ上がる前のことでした。

その願いは、ずっと変わらずに、成長しました。日本一の行者になって、両親のように、たくさんの人の役に立ちたいと、私は心の底から願っていたのです。

二〇一二年十一月十五日に落慶した鹿児島市紫原の鹿児島最福寺の本堂に、薬師如来、不動明王とともにダキニ天（豊川稲荷）の像をお祀りしているのは、私の幼い時からお祈りしていた仏さまだからであります。

東串良町には、けばけばしい看板がなく、コンビニもない。飾らない自然に囲まれたたたずまいに感動したと、友人たちは語っていました。

海岸でスケッチをしていたら、おじいさんとおばあさんに連れられた小さな男の子が二人、やってきました。街に住んでいるのでしょうか、おじいさんが孫に「ここから海が見えるよ」と、松林を抜けたところで言いましたら、「海さん、こんにちはぁ」と、弟のほうが大きな声で海に呼びかけたそうです。

なんという素直な心を持った子供だろうかと、友人たちはうれしくなったと、私に語ってくれました。

お大師さまが教えている、言葉の響きが聞こえてくるようではありませんか。子供が海に挨拶をする心こそ、仏さまの心だと、私は感じたのでした。

大人も子供とおなじように、本来はこの「純真な心」を持っていますが、生きているうちに身についてしまう「三毒」によって見えなくなっています。

「身語同じからざれども、平等にして異ならず」

お大師さまは、『大日経開題』で説きます。身体と言葉とは同じではないが、それにもかかわらず「平等」であり、異なることがない、という意味です。ここでいう「平等」とは、同じものという意味であります。今の人には、あるいは「同等」というほうが、わかりやすいかもしれません。

私たちは、大日如来と同じ「仏の心」を持っているということを、つい忘れてしまいます。千変万化するこの世のめまぐるしさに、ついつい我を忘れて、目先の幻影に惑わされてしまうのです。

仏さまから得たパワーをすべて苦しむ人のために使って生きた母

生家を訪れた友人が、もう一つ語ったのは、私の亡き母のことでした。私の母、智観浄法尼は、中年になって出家して先祖と同じように行者として修行を始めた夫とともに、はげしい行を始めました。

それから、半世紀以上、亡くなるまで行者としての人生をまっとうしました。毎朝、午前四時に海岸の水を汲んできます。これを仏さまに捧げて祈るのです。

友人は、以前からこの話を聞いていて、寺と海岸とは地続きだろうと想像していたのですが、じつはけっこう距離があると、現地へ行って知りました。夏はともかく、冬の真っ暗ななかを、あの深い松林を抜けて海岸に降りて水をくむという作業は、とても大変なことであり、それを半世紀以上も休まずに毎日続けたということは、それだけでも普通ではとてもできないと、驚いたそうです。

母は、すでに仏として生きていたのだと、私は思っています。日本ばかりか、海外にも知られた超能力を持っていました。地球の裏側で起きたことも「見える」のです。かつて、アメリカの大富豪ハースト氏の娘さんが誘拐されたとき、母はその居場所を的確に言い当てました。

あるいは、西大寺の近くにある内之浦からロケットを打ち上げて失敗すると、故障個所がこれも的確に「見えた」のでした。そうしたエピソードは数限りなくあり、私自身、いつも驚かされていました。

少女時代から、その兆しはあったようですが、その力が開花したのは、行を重ねた結果でした。母は、そうして得た仏さまのパワーをすべて、苦しむ人たちのために使って生きたのです。

私は護摩を焚いて祈りますが、母は瞑想して祈ります。どれほど、勧められても柏原の地を離れることなく、祈っていきました。

父は、中年から行を始めました。それまでの歳月を埋めるかのように、激しい行だったと聞いています。父と共に、母もまた行に打ち込みました。

父は、山に入ったりしながら、あるいは護摩行をしました。不動真言や光明真言を唱えながら、千枚、二千枚の護摩木を焚きます。一回を一座といいますが、普通は一日に一座か二座つとめれば立派だといわれましたが、父は朝昼晩の三座を毎日つとめていました。母の行は、読経と瞑想でした。

母は家のことをし、育児をしながら、行をして、なお寺にやってくる信者さんたちの話を聞き、祈りました。いったいいつ寝るのかと、子供心に不思議でした。

私のそばで寝ていると思っているのに、夜中に目覚めると、母のふとんはもぬけの空、私は心細くて、よく泣いたと、姉から聞いたことがあります。

母は、深夜十二時に起き出すと、本尊の不動明王の前に座ります。そして、朝まで経を唱えます。般若心経、観音経、不動経、釈摩経、毘沙門経、弁天経、理趣経の七巻を連続して七回ずつ唱えます。お経は、母にとって細胞の一つ一つが記憶している、呼吸と同じものだったと、思います。

加持は究極の衆生救済

両親は、当然ながら加持をしました。母はとりわけ「おたずね」といわれる相談事に、祈りから得た智慧を授けていました。

加持とは何かを考える前に、私は加持のなかで成長したともいえます。

私ども行者にとって、究極の祈りは、やはり「加持」なのだと、私はあらためて思います。我が生命を苦しむ人たちを助け、よりよく生かしたいと、行者は祈りつづけ、遍満する御仏の力を、その人たちに「加持」をして分かつのです。

生命力が低下しているから、病気になったり、壁にぶつかったりするのです。誰もが持っている生命の力を、もう一度燃え上がらせるために、行者は加持をするのです。

加持は修行を積んだ行者だけができるものです。行者は、行という祈りを積んで積んで、苦しむ人たちと御仏とを一つにして癒やすのです。

その使命のために、「不惜身命」の精神で、日夜、きびしい行を重ねます。誰にでも許される行為ではありませんし、やみくもに誰でも行っていいものではないのです。

厳しい戒律によって認められた者だけが、加持を行うことができるのです。いわば、プロフェッショナルのはたらきをするのが、加持だといえます。

とかく、宗教がいかがわしいと受けとれるのは、加持もどきによって金儲けをしている人たちが後を絶たないからです。

人間の心とは、それほど信じやすく、不安定なものなのです。アマチュアにはアマチュアの修行があり、心の磨き方があります。

まして、プロの行者には、我が身を御仏と成らせて、人々を救うのですから、いっそうの行をしていかねばならないのです。

私の人生は、行に始まります。母の胎内で読経の響きを聴き、長じては世界中で行によって得た御仏の力を以て、この世に生きる方々の苦しみ、亡くなってなお悲しみを抱えた諸霊を癒したいと、祈ってきました。

私の行は、皆様の祈りを御仏に届けるためのものです。私自身のことは、祈りません。それが、行者になるべく生まれてきた私の使命だと信じています。

加持は、究極の「衆生救済」であろうと思っています。行者が「即身成仏」することによって、仏さまと一体に成り、その生命力を「加」とし、これを受けるものが「持」するのです。

なぜ、現代の医学で治らない病気が、加持によって治るのでしょうか。加持とは、真言密教の修法の一つで、加持祈祷といわれるように、祈りと一体になっているものです。

平和の祈りは、世界各地を訪れての慰霊であり鎮魂の祈りです。

私にとって、それらの活動は、みな社会や世界、地球への加持だと信じています。

加持は、プロフェッショナルの領域だと申しましたが、日常のなかでも加持はできますし、大自然を相手にした加持もあります。

「加持とは、また加被《かび》という」とお大師さまは『大日経開題』で教えます。

「往来渉入を加となし、摂して而も不散なるを持となす。すなはちの義なり」

加持というのは、往ったり来たりしあうことであり、入ってからばらばらになることがないことをいうのです。

即身成仏によって仏と成った行者が、そのパワーによって加持を受ける者と「入我我入」する状態になるのが、加持なのだと説いているのです。

加持は、あらゆるところに存在していますが、これに気づかずに暮している人が多いのです。

私たちは、誰かが何かと交流し合いながら生きていることが理解できると、これらの加持の意味がわかってきます。

そのような「あるがまま」の加持に気づいていただきたいと、私は祈ります。また、人に対しての加持は、そうした気づきをうながすものだと、私は考えてもいるのです。

大日如来から分けていただいている生命はみな平等

人と人とが心が溶け合うという感覚になったことが、あるでしょう。あるいは、大自然のなかで、自分が小さく小さくなって気が付けば自然に溶け込んでいるという感覚を体験した方も、少なくないと思います。それが、「入我我入」であると、私は信じています。

一人一人が自分の力を知って、これを生かすようになれば、社会への加持は成功するでしょう。

見える存在である私たちだけでなく、見えない霊が、互いに加持をすることができるように、もともと持っている御仏のパワーを、ぞんぶんに発揮できるように、行者は祈っているのです。

磨いた心で受け止めたパワーほど大きな力を発揮して、瞬時に遠くまで伝わります。「法力に遠近なし、千里則ち咫尺なり」とお大師さまは教えます。あるいは、「三密加持すれば速疾に顕わる」とも説きました。

加持のパワーは時空を超えて伝わるものだということは、私の長年の実感です。

私も遠くにおられる方の悩みを伺いながら、距離に関係なく、お応えできるようです。亡き母にいたっては、地球の裏側のことまで、ハッキリ説明したのですから、驚きます。まさに光の速さで、情報が伝わるような感じです。

私ども行者は、こうして多くの方々のお役に立てることが、何よりの充足感です。生命の尊さを、お一人お一人から教えていただける有難さを、御仏の贈り物だと思って、行の励みとしてきました。

修行の一つである布施も、そして加持もじつは片方からもう一方へ何かをしてやる、という一方通行のものではないことがよくわかります。生きているということは、いつもそれぞれが自在に交流しながら動いていることであります。

大日如来から分けていただいている生命はみな平等です。どのような生き方をするのかによって、一人ひとりの生命の輝かせようが違ってきます。

輝きの様子が、多様であればあるほど、生命の世界は深く強く輝くことを、私は行を通じて教えていただいています。

生きとし生けるものはすべて、誰かと、何かとつながって生きています。そのつながり、絆を忘れてしまったり、見えなくなってしまうと、迷路に入り込んでしまいます。

その迷路とは、生きる原動力を失うことであります。原動力は慈悲心であります。他の人を思いやる心こそ、人間が生きる力を湧き出す泉なのであります。

光を受け取れるかどうかは、心の状態で決まる

密教は、煩悩を捨てよとは教えません。煩悩と向き合い、格闘しながら、煩悩をどのように抱えていくのか。それが、生命の本当のルールだと教えます。

この世に生まれた人間は、物がなければ生きていけません。食べる物、着る物、住む物、そして目に見える物質だけでなく、財産を背景にした財力や権力も身を守る物として、身につけていくのです。

すると、生きる目的は、こうした物を得ることだと思い込んでしまうようになります。

しかし、物質的に恵まれても、それだけで心は満たされません。精神的な満足が欲しくなります。家族の絆、友情、忠義など、心と心の結びつきを大切にするようになります。

物も心も大切なことであり、人間が生きていくうえでは欠かせないものです。しかし、家族は歳月とともに様相を変えていきますし、友人との結びつきもまた変化していきます。人間関係に傷ついたり、傷つけたりするのは、変化という生命の大原則をわかっていないからだと、私は思うことがよくあります。

「加持とは、如来の大慈と衆生の信心とを表す。仏日の影衆生の心水に現ずるを加といい、行者の心水よく仏日を感ずるを持と名づく」

お大師さまの言葉です。

仏さまがみんなを救いたいという「大慈大悲」は、この宇宙のあらゆるところにあふれている光です。その光を受け取れるかどうかは、受け取るほうの心の状態で決まると教えています。

受け取るほうの心が、きれいで静かな水面のような状態ならば、その光を受けてキラキラと輝くことができる。この状態を「加」といいます。

行者は、この光を集め、いっそう輝きを強くする役割りで、これを「持」といいます。

行者は、光をキャッチするアンテナの役目ですから、いつも磨いていないと、光を受け取ることができません。それで、私たちは毎日毎日、きびしい行に明け暮れるのです。

加持とは、心身を清めた行者が仏さまと一体になって、その光を体内にくみいれることです。大慈大悲とは「愛」と言ってもよいでしょう。

その瞬間、行者は仏そのものとなります。これを「即身成仏」といいます。自ら仏になった行者が祈ることによって、体内の御仏のエネルギーを病人に注いで、病気のもとを取り除くのです。

しかし、それはあくまで病気のもとになっていた霊の障りを取り除くのであって、病気そのものは医師が医学で治すものです。どんな病気も医学で治せるというのは、迷信であると思っています。

同じく、加持祈祷によってすべての病気が治るというのも迷信です。

私の寺の護摩行はたいへんきびしいものと知られています。ご本尊の前にしつらえた大きな護摩壇で三メートルを超える火炎のすぐ前に座し、およそ二時間にわたって真言を唱えつづけます。

一瞬でも気をゆるめれば火傷をしかねませんが、さまざまな人々がやってきて行をしていきます。政治家もいればスポーツ選手もいます。みなみな「平等ないのち」として、ご本尊に向き合い、祈ります。

加持とは、自然治癒力を瞬発的に取り戻すもの。加える「加」と、受け取る「持」と、両方のはたらきがピッタリ一致するはたらきです。生命のパワーが響き合うことです。

加持とは、行者が仏さまの状態となって、受ける者の心を解放することではないかと私は思うようになりました。

六大は融通無碍に変化しながら宇宙は息づいている

御仏は心無罣礙。こだわりのない、完全に解放された心でおられるから、無限の力を持ち、無限の存在なのです。加持とは、心身の解放であり、生命のネットワークを流れる力を、滞りない状態に調えることなのです。その生命の状態が、六大が融通無碍し溶け合っていると、お大師さまはうたいます。

お大師さまが説いた「六大」は、それぞれが独立しているのではなく、互いに溶け合って、助け合って、生命を形成しているのだとわかるのです。

アビラウンケン。大日如来を象徴する真言です。密教は、宇宙を一つの仏さまとしてとらえますから、六大はそのまま大日如来の身体でもあります。

「六大は無碍《むげ》にして常に瑜伽《ゆが》なり」

お大師さまは、『大日経開題』にも『即身成仏義』でよく知られたこの句を載せています。それは、この一言だけで、生命の本質を表しているからです。

「無碍」とは、隔ての無いこと。「瑜伽」は「とけあうこと」です。

生命の世界はきりはなすことができない状態で、存在しているのであって、一つ一つを切り離して語ることはできないものだという教えです。

それは、人間の身体のことでもあり、あるいは地球という星でともに結ばれ合って生きている、生命のネットワークを物語っている言葉でもあります。

六大は融通無碍に、変化しながら、宇宙は息づいているのです。動くところに、リズムが生まれます。六大の調和がとれているときは、リズムも調和しています。リズムが狂っていると、宇宙がゆがみます。

お大師さまは五大に「識」を加えて六大としました。少し意味は違いますが、古代中国には「天に六気あり」という言葉があります。

これは、中国の史書『春秋』に出てくるもので、「気」とは雲の去来する姿を写しているもので「天に六気あり」とします。「陰陽風雨晦《かい》明」の六つです。

陰は冷え、陽は暑さ、風は手足の病いを、雨は腹の病を起こすものであり、晦は夜の暗さ、明は昼の明るさのことですが、これらはいずれも心を煩わすことが多いとします。

古代の人々は天候に敏感だったのです。天候だけではなく自然そのものに感受性を向けていたのです。暑すぎても、冷えすぎても、明るすぎても暗すぎても、人間にとっては病気になるおそれがあると注意したのでした。

自分が持つ力と自然に描かれる仏の言葉が響き合うように

同じく中国古来の「五行」というものがあります。この地上にあるものは、すべて「木・火・土・金・水」の五つの要素の影響を受けるという思想です。五大に似ていますが、こちらは空や風ではなく、木と金とが加えられています。みな、目に見える物質です。

これらが、互いに調和したり、反発したりして私たちの生活や運に影響しているという考えです。中国から伝わった暦やこれら風水は、みな天然自然をもとにしています。大気が人間に与える影響が大きいものだと知っていたのですね。

ヨーロッパでは自然と闘い、これを征服するという発想があります。しかし、東洋では自然はこれと調和しながら生きていくものだという考えが根底にあります。

敵対するのではなく、折り合いをつけながら調和の道を探していくのです。

私は、昨年春に西安の大興善寺の方々と交流しました。大和尚をはじめとする一行が来日し、その後で私が中国を訪問しました。

その折、私は「和を以て貴しと為す」という、聖徳太子のお言葉を贈りました。一つ一つ、検証すべきところは検証し、しかし争わず、互いに「和」を図っていくことが、大切なことなのです。

暦を繰ることも、占いを研究することも、とても大切なことです。しかし、これに頼って生きてはなりません。

この世の現象はみな仏さまの言葉、メッセージです。しかし、その現象だけを追いかけて振り回されるのではなく、自分が持つ力と自然に描かれた仏さまの言葉とが響き合うように。そこに「祈りの心」が生まれ、祈りの力が出てくるのです。

最近の日本人は天気予報を気にしすぎてはいないでしょうか。少し気になります。雨が降るからといって、絶対に傘を持って出かけなければならないわけでもありません。雨宿りや傘を買う、あるいは少しくらいの雨なら濡れても風邪を引かない元気な体力を持つ。どんな状況に出会っても、臨機応変で落ち着いて対処できる自分自身をつくることを忘れてほしくないのです。

心とはなんでしょうか。六大すべてが心なのです。指先にも心があります。目にも耳にも口にも、感覚があるところ全て、心であります。

心を感じ取れるか取れないか。それが六感を磨くトレーニングです。見えないはたらきを感じるように、私たちはもっと、感覚を磨き、知識を吸収して、自分の考えを練り、そして決断して実行するのが、生きることです。

ただ感覚を研ぎ澄ますだけでは、「心」を見落としてしまいます。磨かれた感覚を、どう生かしていくのか。そこに仏さまが私たちに分けてくださった智慧と慈悲とがあるのです。祈ることが、仏さまの存在を気づかせてくれるのです。

行き当たりばったりのようで、じつは仏さまがちゃんと道案内をしてくださっていることを、もっと信じましょう。

仏さまを信じられる自分をつくるために、もっと祈りましょう。大きな声で真言を唱え、祈りましょう。

大日如来を思い浮かべて、一心に「アビラウンケン」と繰り返し、繰り返し唱えてみましょう。胸のなかに太陽を抱えたような温かさを感じることでしょう。

一人ひとりの六大は溶け合いながら生命の道を歩いていく

宇宙からやってきた私たちの生命は、いつかまた宇宙に還ります。死んだら、肉体は滅びて、六大それぞれに戻ります。「識」はそのまま残って、霊魂となるのでしょう。

すべての生命は六大から成立っていることを、よくよく胸に刻んで生きていきますと、迷いの中から幸せの種が見つかります。

ときに頑固だったり、ときにやさしかったり、激しかったり、一人ひとりの六大は、溶け合いながら、生命の道を歩いていくのです。

過去から未来へと、記憶が人と人とを結びつけ、生命の物語を紡いでいきます。どの生命が欠けても、すべての世界に影響します。自分一人、どうなっても関係ないや、と思っていたら、レンガ造りの壁を思い浮かべてください。どれほどたくさんのレンガがあろうとも、その一つが欠け落ちたら、壁は崩れてしまいます。

生命のネットワークも同じことです。その生命のレンガを造っているのが「六大」というわけです。

若いときに私が作詞しました「地水火風空」の歌を、ご披露しましょう。

大地を分けて　芽を吹きし
双葉の姿　いとやさし
地あればこそ諸々の
草木すべて　伸びるなり
この恵みこそ　忘れまじ。
山野をめぐる　大川や

谷間を流る　岩清水
水あればこそ　諸々の
動物喜々と　太るなり
この恵みこそ　忘れまじ。
枝より摘みし　花と実や
海より採りし　魚や貝
火のあればこそ　諸々の
焼きもの煮焚き　出切るなり
この恵みこそ　忘れまじ。
粉雪誘う　北風や
花びら揺する　春の風
風あればこそ　諸々の
季節の香り　伝うなり
この恵みこそ　忘れまじ。
無限の空に　溢れたる
尊き空気　かの光り

空あればこそ　諸々の
生物栄え　育つなり
この恵みこそ　忘れまじ。

今日生きていること、こうしてご縁をもって出会うことこそ、六大のおかげ、そんなふうに考えて、日々を送って下さい。

「三角形の底辺を大切にするように」

現代の日本人は不安がいっぱいです。過去を忘れ、現在を嘆き、未来を憂いているのではないでしょうか。三角形の底辺を大切にするようにというのが、私の亡き母の口癖でした。

母は行者としての人生を全うした私の師でもあります。この言葉が、社会に生きる「人という生きもの」の原点であろうと、歳を重ねるごとに、私の胸に広がっています。

まずは、過去を大切に思うこと。それは、日本国家がどのような足跡をたどってきたのか。先人たちは、どのように考え、決断したのか。そのことを、念頭に置いてほしいと思います。それは、先祖を大切にする心と同じです。

仏壇のない家が増えています。お墓参りをしない、遠くでできないという人も少なくありません。お墓の形態も変化してきています。

しかし、先祖を敬い、大切に思う心を忘れないように、私たち僧侶はあらゆる機会に説いて、祈って、伝えていかねばならないと思っています。

そして、先祖とは、自分の先祖だけではない、私たちが生きているのは、連綿と続いた生命の連鎖のおかげだということにも思いを馳せてほしいと願っています。

自分たちが、突然に、この世に出現したのではない、ずっと昔から生きてきた人たちがいて、私たち一人ひとりの生命が誕生したこと、だからこそ、その生命を粗末にしてはいけないのだということを、しっかりと胸に置いて考えていきたいのです。その心で、現在をつくっていくことです。

過去が間違っていたからと捨て去ってしまうことは、自分の一部を捨てることでもあるのです。歴史を学ぶことは、過去を知り、過去をつくってきてくれた先祖たちを敬う心を培うためであります。

親や親族を殺したり、親の死を放置する「無縁社会」の影は、先祖を忘れているために起きている「毒」であります。

そして、現在を明るくすることを、日々の目標に生きてほしいと思います。それぞれが向明背暗、明るい心で行動すれば、みな明るい心を持ちます。

すべては「背暗向明」というキーワードにあるのです。朝、暗い気持が心を覆っていたら、これに背を向けて笑顔で「おはよう！」と言ってみましょう。独り暮らしなら、鏡に写る自分に明るい笑顔を向けてもよいのです。昇る朝日に向かって合掌する習慣をつけてもいいですね。

そのときには、どうぞ「オンアボギャベイロシャノウ　マカボダラ　マニハンドマ　ジンバラハラバリ　タヤウン」と、光明真言を称えて見てください。続けていれば、きっとよい方向に向かいましょう。真言がもたらす力は、無限のものであり、それが教えの秘密なのであります。

目に見えない奇蹟は祈りによっていつも出現している

生命とはこの世で悟りの世界を得ることができるほど、無限の力をもっているものであり、そのことを教えるのが、真言密教なのだと、お大師さまは説きます。

宇宙の森羅万象は、すべて我が身のことであり、阿字などの梵字にはそれぞれに意味があり、刀剣や金剛杵などの仏具はみな不思議な力があると、お大師さまはここで教えておられます。

お大師さまの教えにしたがえば、超能力という考え方そのものが、間違っています。どんな能力も、これは大日如来から人間が分けていただいたもので、これを超えるものではありません。スプーンを曲げるのも、病気を癒すのも、もともと人間に備わった能力なのです。

梵字にさまざまな現象が込められているように、仏像や仏具の刀剣や金剛杵が不思議な力を備えているように、私たち人間には不思議な能力がたくさん備わっていることを、まずは知ってほしいのです。

「そんなことがあるはずはない」と、こうした能力を否定してしまいますと、たとえばオウム教団のように、不思議な現象を演出しただけで、迷っている心は捕えられてしまうのです。

人間は誰もが「超能力」を持っている、ただこれを発見して開発しないだけだという認識があれば、このような演出にまどわされずに、偽りの教えを見抜く力を磨くことができるでしょう。

不思議な現象といいましても、かならずしも劇的な奇蹟ばかりが出現するわけではありません。しかし、目に見えない奇蹟は祈りによっていつも出現しているのです。ただ、あまりにさりげなく現れるものだから、私たちはなかなか気づかないのです。

何といっても、私の実践は「行」につきます。祈りとは、行そのものです。

一回終えたら、「あぁ、済んだぞ」と、気を緩めてはならない、そこで感得した御仏の力をしっかり持っていて、次の行の力とせよということだと、いまの私にはよくわかります。

行とは継続することによって、さらに大きな力を持ちます。行を終えたら、解放感ではなく充足感が得られるのです。

その満たされた心が、御仏と一体になって、苦しむ方々に生きる力を分かち、癒して、その喜びが、また私の喜びとなって還ってくるのです。

あきらめない。あきない。あおらない。私は、行に参加される人たちに、そう説きます。そこから、未来につながる「心の力」が育つのです。

理論ではありません。まず行動です。未来への不安を座して膨らますより、動いて消していきましょう。

身口意をフル回転させ、誰もが身を粉にして、他の人のため、日本のため、世界のために動けば、お大師さまの教えに満ちた道が見つかると信じています。

七

我が心にこそ御仏はおられる

鍵を開ければ宝物がある

関を以て、自楽を受く。

関というのは、カンヌキのことであります。お倉の扉にかかるカンヌキを抜いて、倉を開けてみれば、そこには財宝の山があって、これを自ら楽しみ、受ける。それが、仏さまの境地でありますが、これは、誰にも平等に具っているものだと、お大師さまはこの『大日経開題』の「関以受自楽」の巻を書き出します。

唐突ですが、私はこの文章を久しぶりに読んだとき、映画の一場面を思い出しました。映画を鑑賞することはないのですが、なにかの折に目に入って、その場面が印象に残っていたのでしょう。あるいは、外国に行く飛行機の中で観ることで、観るとはなしに観ていたことがあったのかもしれません。

いずれにしても、その場面とは、『タイタニック』という作品のものでした。たいへん話題になった映画なので、観た方はたくさんおられましょう。

世界最大とされた豪華客船「タイタニック」が、大西洋を処女航海しているとき、氷山にぶつかって沈没した最悪の海難事故、あまりに有名な歴史的な事件を題材にしています。

二千二百名もの乗客のうち、犠牲者数は乗員乗客合わせて千五百人余りにのぼりました。沈むはずがないと誰もが思っていた、贅を尽くした客船の沈没は、多くのドラマを生みました。

映画は、その一つ、フィクションでしょうが、よくできた作品と、大評判になったそうです。

さて、私の脳裏に焼き付いているシーンとは、主人公の男女が沈没しつつある船の中を逃げまどい、ようやく出口をみつけたのですが、そこには鉄柵の扉があって鍵がかかっていました。

ようやく、一人の船員が通りかかります。彼も逃げるに必死ですが、二人のために鍵束をとりだして、鍵を開けようとします。しかし、水の中に束を落としてしまって、そのまま上に逃げあがってしまいました。

残る二人は、しかしあきらめません。男性がやっと鍵束を拾って、鍵が開きました。二人は背後に迫る水に追われるように、上へ上へと逃げて、甲板にたどりつきます。

鍵穴に鍵が差し込まれて、扉が開いた瞬間の、二人の安堵感が観ている私にも伝わってきました。鍵が開くということは、それほどの大きな喜びを伴うものなのだと、思ったのでした。

そういえば、私の曽祖父は修験の道を究め、数々の「伝説」が残っていますが、その一つに、鍵を念力で開けたという話が伝わっています。

あるとき、一軒の家を通りかかると、少女が泣いていました。わけをきくと、大事なものが入っている箱の鍵が開かないというのです。

そこで、曽祖父が念じて鍵を開けたそうです。少女は飛び上がらんばかりに喜んだということです。鍵が開いた喜びです。

鍵を開ければ、宝物があります。「タイタニック」号の主人公にとっての宝物とは、生き延びる「希望」という、私たちの心に大きなパワーを与えるものでした。

そう、宝物というものは、財宝などの形あるもの、見えるものばかりではありません。希望の灯りこそ、私たちを前に進める勇気の源であります。

いま、その人にとって最も必要なものであり、それを得た喜びは、何ものにも代えがたいものなのです。

はかり知れないほどの幸福と智慧は自然に具わっている

お大師さまの筆を追うと、その歓喜が「関以」という二文字に込められているように感じます。カンヌキをはずして、倉の中に足を踏み入れた、その瞬間の身震いするような感動が、ここにあります。

しかも、その宝ものは、自らの楽しみとして受け取るものだというのです。

贅沢の極みでありますが、「人我同じく得たり」と、お大師さまは説きます。仏さまの境地は、誰もが得たものだというのです。

「無量の福智は求めざるに自ら備わり、無辺の通力は営まざるに本《もと》より得たり」と、お大師さまは続けます。

はかり知れないほどの幸福と智慧とは、求めないでも自然に具わっており、尽きることのない不思議な能力は、わざわざそうしようと思わなくても、もともと得ているもの。くたびれた乗り物が、どうして不思議な力をもった乗り物と争うことができようか。

それが、『大日経』のおおよその趣旨であり、道筋だと、お大師さまは説くのです。

場所を動かない、年月を重ねない。そこにある心身が「仏の境地」であります。

仏の心とは、場所や時空にとらわれない自分という存在だと、お大師さまは教えています。私たちの「心」とは、見えないこと、時空を超えること、不思議な力を持っているものだと、『大日経』は説いているのです。

心に力があることを、昔から人類は知っていました。しかし、その「力」は、正しく使わないと、思わぬ落とし穴があるのです。『大日経』が説くのは、本当の「力」とは、どのようなものかというお話です。

誰かを憎んだり、恨んだりして、相手に邪念を送ることはできないことではありませんが、それは返って自分の苦しみを深くするばかりです。

「あるがままの心」とは、そうした「毒」のない、光輝く宝の山に出会うこと、そしてそれらを自分の喜びとして受け取ることができるという「心の力」であります。

「ここ掘れ、ワンワン」の昔話ではありませんが、心明るく喜びを人とともに分かち合って生きるおじいさんは、宝物を掘り当てましたが、いじわるなおじいさんはガラクタしか見つかりませんでした。

ほんとうは、いじわるじいさんでも、心を変えて観れば、ガラクタは宝の山だったのです。心の眼で物事を観るようにと、お大師さまは教えます。苦しみの中には喜びの種があります。その種を見つけられれば、宝の山はあなたのもの。楽しみとなって、仏さまと同じ心を持つことができるのです。

「座を起たずして金剛すなわち我が心なり」という、『大日経開題』の言葉は、まさに周囲を変えるのではなく、居ながらにして自分の心をしっかりと持てば、仏さまと同じ、「受自楽」の境地を得ることができると、お大師さまは説くのです。それが、真実の「心の力」なのだ、と。

お大師さまは、いつも自分の心をしっかり持つようにと教えています。我が心にこそ御仏はおられるのですから、その心をしっかり磨いて、御仏のお力をぞんぶんに輝かせる努力をするのが、生きるということなのです。

しかし、あふれるモノに溺れるかのように日本人の心が弱くなっているように思ってきました。もっと、心の力を強くしてほしい。私は切実に願っているのです。

四苦八苦は御仏が生きるものに与えてくださった贈り物

物にあふれている日本で、なぜ心が荒れてしまうのでしょうか。

一つの物を得ると、もっと欲しくなりますが、この「もっと」が高じて、心の飢餓に陥ってしまいます。

テレビゲームで楽しんでいるうちに、次から次へ新しいゲームが出るのを待ちかねて、買ってしまいます。子供が欲しがるから、ほかの子供と共通の話題が持てなくなるからと心配して、親はついつい買い与えます。

高級なブランド製品を買うと、また欲しくなります。日本の女性たちは自由に使えるお金がたくさんあるのですね、東京はいまや世界のブランドが軒を並べています。どこへ行っても、同じようなブランド品を持っている女性に出会うなんて、世界中で日本だけだと言われます。

グルメにとって、何かと頼りになるミシュランのガイドの日本版が出ています。鮨屋や和食屋まで、たくさんの星がついていますが、しかし値段の高いところばかりだと、読んだ人が言っていました。

高ければ美味しいのは当然と思います。そのような店ばかり並んでいるのでは、まるでブランド品が並ぶ街並みを歩くようなものではありませんか。

物欲は、地獄の飢餓道の始まりだと、仏教では教えます。「五蘊盛苦」という、欲望が盛んに起こる、抑えがたい苦しみを味わうのです。

仏教には「四苦」と「八苦」があります。生老病死の四苦に加えて、「愛別離苦」「怨憎会苦」「求不得苦」、そして「五蘊盛苦」を加えて八苦です。

あとの四つの苦は、どれも我が欲望が満たされない苦しみばかりです。

「愛別離苦」は、愛するものと別れなければならない苦しみです。

「怨憎会苦」は嫌なものにも会わねばならない苦しみで、愛別離苦の逆の苦しみです。

「求不得苦」は欲しいものが手に入らない苦しみです。

しかし、これらの苦しみは、そのまま生きる力を内に秘めています。別れが耐え難いほど愛することができる力。怨念や憎しみを覚えるほど強い執着心。欲しいと思う欲望。その欲望が抑えがたいほど湧き上がるパワー。どれも、生きる原動力ともいうものです。

人間には、もっといいものが欲しい、もっといい環境で生きたい、という欲望がありますが、これらの欲望は生きる原動力です。

生命あるものは、すべてこの欲望を持っています。それは、生き抜くために欠かせない生命の原動力です。

現代の科学、とくに脳の研究が進んできますと、この欲望に、どのように対処してきたかによって、より生きやすい環境を整え、その種《しゅ》が繁栄してきたか、ということがわかってきました。

本能というものが、どの生き物にも等しく与えられている生命の原動力であるとするならば、この本能から、さらにさまざまな能力を付け加えることによって、脳は発達してきました。

ヒトでいえば、後から発達した脳によって暴発する本能をコントロールできるようになったのです。

四苦八苦は、苦しみではありますが、御仏が生きとし生けるものに与えてくださった贈り物だと、私は受け止められるようになりました。

あきらめない。あきない。あおらない

生老病死という四苦は、生き物に等しくそなわっている生命のありようです。全ての生命は、生まれ、老い、病んで、死ぬというプロセスを持っています。若くして死んだり、事故や戦いで死ぬ生命も多々ありますが、そうしたアクシデントがなければ、生命というものは、この生老病死という道のりを経て、この世の旅を終えていきます。

しかし、次の四つの苦は、どうでしょう。それらは、意識をもって生きることによって生じてくる「苦」です。あるがままの仏さまの心を離れて、自分勝手な考えをめぐらすから、生じる「苦」だということができます。

怨んだり、憎んだりするのは、「敵」を認める意識に加えて、自分の感情を自分で増幅させているからです。求めているものが手に入らないことが苦しいと思うのは、「求めている」という自分の心の状態に執着している、つまりは自分の心を意識しているからですね。

そして、欲望を抑えることが苦しいということは、抑えようとする精神があるから苦し

いのです。

「五蘊盛苦」を、私はそのように解いています。自分の心を意識することができるから苦しいのです。それこそは、人間の人間たるゆえんだと、私は考えます。

どうしたら、この苦しみを乗り越えられるのでしょうか。

答えは、祈りを継続することだと、私は信じています。自分に執着しなくなりますように、大きな心になるように、心の奥にある宝の山に行きつくように、鍵を開くことができますように。

祈り、祈っていくうちに、心のお倉の扉が開きます。

あきらめない。あきない。あおらない。

私は、寺にお出でになって、私とともに行に参加される人たちに、そう説きます。

気がつけば、最近、ツイている。そう語る信者さんがいました。あるとき、バス停に向かって信号を渡ろうとしたら、もうバスが到着していて、でも、そうだ、あきらめてはいけないのだと、走って信号を渡ったら、バスの運転手さんが待っていてくれて、間に合った。そんなことが、しばしば起きるようになって、あぁ、これが祈るということかと、気づいたというのです。

あきらめないという心の力を育ててくれたのが、祈りなのだ、と。

祈るときは、一心に祈ること、集中して祈ることです。

苦しみは御仏の世界に導く祈りの種

「能満願」という、お大師さまのお教えがあります。能力の能に願いが満ると書きます。よく願いが叶うという意味ですね。

これは、『吽字義《うんじぎ》』という、お大師さまの著作に登場する言葉です。

吽《ウン》とは、梵字五十字門の一つですが、とくにこの文字を選んで、短編ながら、密教の神秘の哲学が、この文字に込められているからだと、宮坂宥勝先生は説いておられます。

神社の入り口などに置かれた狛犬が、片や口を開き、片や閉じているのを、阿吽《あうん》とします。阿吽の呼吸という言葉がありますが、阿は、宇宙の始まりであり生命の根源を象徴する梵字で、この文字をイメージしながら瞑想する祈りもあります。阿字観ですね。

これに対して、吽は、宇宙の全てを象徴するもの、ともされます。

この字が、金剛界と胎蔵法の両部の種子とされていることから、お大師さまがとくに解釈を説いたのだと、これは宮坂先生のお説をいただきました。

生命は阿字に始まり、吽字で成就する、というのが、教えのエッセンスです。

その『吽字義』で、お大師さまは、次のように教えています。

「広《こう》すれども乱れず、
略すれども漏らさず」

吽字の文字には、教えの全てが含まれているので、拡大しても乱れることなく、省略しても何一つ漏らすことがない。

それほど完璧な文字だというのです。

そして、「擁護の義」、「自在能破の義」があると説きます。耳で聞くと、何やら難しい言葉ですが、この文字には、大空のような安心の空間に護られているという意味、自由自在な精神で、「敵」を打ち破るという意味も込められているのです。

生命とは、吽の字に象徴されるように、不安も恐れもない、御仏の心に抱かれたような完璧な境地、といえます。

その吽の字には、全ての人の願いがかなえられる力が備わっていて、これが「能満願」なのです。

苦しみがあるから、これを取り除きたいと御仏に祈ります。苦しみは、じつは御仏の世界に導く、祈りの種でもあるのです。

私は、それを「四苦八苦は御仏の贈り物」だと、説くのです。

現代日本の問題点は、苦しみを避けようとする傾向から生じるのではないかと、私は考えています。

護摩行は、苦しみのなかから、御仏との一体感を得ていくものです。成満したときの喜び、充足感が、さらなる精進につながっていきます。

人生も同じことで、苦しいことがあったら逃げないで、向き合う心の力を養います。

迷いが多かったものほど悟りへの道は近い

祈りをつなげていくことこそ、苦しみを御仏の贈り物に変えるパワーになります。心の力を育てることになるのです。

お大師さまが教える「煩悩即菩提」とは、このことを説いているのです。

「能迷亦能」。これは、『声字実相義』の一節です。

「能迷亦能」は、「よく迷い、よく悟る」とも訳しています。

迷いが多かったものほど、じつは悟りへの道は近いのです。

私は、この言葉をこそ、現代日本人に贈りたいと思います。

もっと、迷ってみましょう。もっと苦しんでみましょう。

迷うことを怖がらず、苦しむことを恐れずに、前に進んでみようではありませんか。迷うほど、あなたは選べる道を知っています。苦しむ力を持っているのです。

「三界は客舎《かくしゃ》の如し、

一心は是れ本居《ほんに》なり」（『般若心経秘鍵』）

迷いと苦しみがいっぱいの世界である、この世は、まるで旅の宿のようなものであって長く留まるべきところではない。

われわれが住むべきところは、わが一心、すなわち生まれながらにして具え持つ御仏の世界である。

お大師さまは、御仏はわが内にある、と繰り返し教えます。

精進すれば、苦しみを突き抜けたところで必ず御仏に出会うことができます。四苦八苦は、御仏に出会うための贈り物だと、自覚できたときから、あなたは長い道中を終えて、我が家に帰りつくことができるのです。

もう一つ、お大師さまの教えの一節を説きましょう。

「迷悟我に在れば即ち

発心すれば即ち到る

明暗他に非ざれば即ち

信修すれば忽ちに証す」（『般若心経秘鍵』）

迷いも覚りも我が心のはたらきである。この道理を信じて御仏に帰依する心を発すれば速やかに覚りにいたることができる。

明らかな智慧も暗い煩悩の迷いも、我が心を離れて他にあるわけではない。だから、法を信じ、教えのとおりに修行すれば、たちまちに御仏の果報を我がものとすることができる。

現代は、政治家も経済人も、社会そのものが迷っていると思います。迷って迷って、しかし、何に迷っているのかさえ、分からなくなっています。

迷うのは、自分がどこにいるかわからなくなるからであります。英語は「道を失った」と表現します。インドのヒンドゥー語は「なくなった」というニュアンスの言葉で迷うことを表現するそうです。日本語でも「方向を失う」という表現をします。

しかし、お大師さまが言っておられる「能迷」という言葉は、失うことではなく、選択するという意味合いが強いものです

往きつく頂上は一つ

御仏は、私たちの日々の風景に、あらゆるメッセージを描いて下さるのですが、読み違うと、薬になるはずのものが、毒になってしまう、だからよくよく迷って、よい道を選びなさい、という教えだと思います。

迷うことを恐れては、私たちは地図のない新しい土地を探検することは出来ません。新しい探検には危険もつきまといますが、大きな喜びもあります。準備して、危険を避ける心のゆとりも大切です。

誰かがつくった地図だけを頼って目的地に到達しても、地図ばかりを見て、まわりの風景を見ず、すれちがった人とも話をせずに旅を終えてしまうことになりかねません。

迷うことは、出会うことです。よく迷うことは、よい出会いをすることです。その出会いを「色」というのです。般若心経の「色即是空　空即是色」にいう「色」ですね。形になってあらわれることが「色」、見えない心の動きが「空」です。

心が迷うとき、私たちは他者を鏡として、光を見出そうとします。「色」を見つけたいと思うのです。

「秘妙これ一なり」

お大師さまは、この巻をこの言葉で終わりにしています。たとえば経典の序論と本論と異なっていても、教えの微妙な趣旨は同一であるというものです。

言葉の違いがあっても、論理の不一致があっても、本質が同じであればよい。お大師さまは、そう教えているのです。「重箱の隅をつつく」という言葉がありますが、論理を詰めることを優先させると、真理から離れてしまうことが、よくあります。

真理はただ一つ。そこに至る道が違おうとも、道の形が異なろうとも、往きつく頂上は一つだという発想でありましょう。

私はここにも東洋と西洋との違いを見ます。間違いを許さないという姿勢が、論理を重んじる西洋の考え方の根底にありましょう。

しかし、東洋、とりわけ密教は、そうした齟齬さえ受け入れて包み込む深さがあります。

西洋人が日本に来てとまどうことの一つに、「とりあえずビール」ということがあると聞きました。

お酒を飲みに店に入って、席につくなり「とりあえず、ビールを二、三本！」と注文します。店のほうも当たり前のように、二本なり三本なりを持ってきます。

「適当に」「塩梅する」という、あいまいなことが通用するなど、西欧では考えられないのであります。

アメリカで、たとえばハンバーガーを注文しようとすると、じつに細かく聞かれます。ハンバーグの上に何を乗せるのか、うんざりするほどだといいます。

スムーズに成果が出れば、それでよいではないかという考えが共通認識としてあるのです。しかし、最近の日本でも、若い人たちの間では、このようなあいまいさを受け入れる感覚が少なくなっています。パソコンなどデジタル機器の普及が、その背景にあるという人もいます。

しかし、細かく詰めていくと、切り捨てなければならないところが多くなります。そこに、迷いの落とし穴があると、私は危惧しています。

違うものがあっても、大切なことは一つなのだという教えが、「不二」であります。二つということはない。対立するものも、並立するものも、じつは大きな一つなのだという教えが密教であります。

それだけでは、よくわからないという方もおられましょう。合掌を思うと、わかっていただけるかとおもいます。

挨拶をするとき、私はいつもこうして両手を合わせます。原稿の結びも「合掌」と記します。私だけではありませんで、僧侶はおおむね、合掌を挨拶としています。お寺にお参りして、御仏に祈るとき、皆さんも合掌するでしょう。

東南アジアなど、仏教が浸透している国々では、日常の挨拶に合掌します。これは、相手に対して敵意がないことを表しているという説もありますが、むしろ人みな仏として敬うという宗教心の伝統ではないでしょうか。

私たち日本人も、仏壇やお墓参りだけではなく、日常の食事のときに合掌する習慣をもっている人はとても多いのです。

これは、他の生命をいただく食事に対する感謝でありその生命を粗末にしないという心でもあります。

また、キリスト教でも、形は少し違うことが多いのですが、やはり両手を合わせ、結んで合掌します。人は、祈るとき、両手を合わせるのですね。

両手は二つのものですが、合わせれば一つです。その手をたたけば音が響きますが、これを厳密に、どちらの手がどんな音を出したのか、わかりません。また、たとえわかったとしても、意味のないことであります。

両手を合わせて、心を神仏に伝えようとする。そんな仕草を、人間はいつからするようになったのでしょうか、興味深いところですが、よくわかりません。両手を開くより、合わせるほうが、集中するようにも思いますが、どうでしょうか。

祈りが御仏に届くように指先を天に向ける

戦後間もなくのことですが、真言宗では、「合掌運動」というものを展開しました。いったい、どんな運動でしょうか。まず、「平和の三信条」を決めました。
お互いに拝みあうこと
お互いに助けあうこと
お互いにゆずりあうこと
この三つを身近なところから実践していこうではないか、というものでした。なにも、「運動」などにしなくとも、いつも実践していればいいことですが、このように掛け声を発しなければならないほど、戦争の傷は深かったのです。
敗戦後の日本社会は、人々の心が荒れていました。死と隣り合わせで生き抜かねばならないのが戦争です。
「敵」に対して、憎しみを駆り立てねば、自分が殺されてしまう。あるいは餓死の恐怖を背負い、追いかけ、逃げ惑う極限の状態が戦争でした。
そのような戦場から生きて帰ってきた者たちは、いまだ戦争の悲惨な記憶を拭い去れずにいましたし、肉親を失った者たちの悲しみは癒えずにいました。戦災などで家財を失い、職をなくし、国家体制は崩れて、価値観はすっかり変ってしまいました。

何を信じたらいいのか、誰を信用したらいいのか。多くの日本人は、自信をなくしていました。虚無的な気持に陥る若者がたくさんいたのです。

犯罪は頻発し、他人などどうでもいいと考える人間が増えていました。町のそこかしこからいさかいの声が聞こえてくるような、そんな世相でした。

それではいけない。先達たちが、まず小さなところから、強い心を取り戻そうではないかと、この合掌運動を始めたのです。

すぐキレる若者、社会のルールや家庭の絆などを見失った大人たち、日本人の心に慈愛を取り戻したいと、先達たちは「祈りの心」を取り戻そうと、この運動を始めたのです。

そのような努力が実って、戦後の日本は大きく発展しました。人々に笑顔が戻り、暮らしも安定したのです。しかし、その安定が、油断を生んだ、と私は考えています。

指先から砂がこぼれる、という喩えがあります。緊張感を持っていれば、指と指の空間はできずに砂がこぼれ落ちることはありません。どうも、この半世紀余りの間に、私たちは指先に神経を向ける緊張感を忘れてきたのではないか、と思うのです。

合掌とは、手の先に我が心を向けます。祈りが御仏に届きますようにと、指先を天に向けて祈るのです。

合掌は大きな鍵の一つ

現代の日本社会が「心の飢餓」を抱えているのは、まさに過ぎた財力、物質と情報によるものです。

私は、もう一度、この合掌運動を広げたいと、思っています。家族を殺してしまう心の油断、政治も社会も不信が横行して、すこしも心が育たない精神の不毛地帯を、緑なす大地に変えていきたいと願っているのです。

合掌の心とは、その「植林活動」ではないか、と思うのです。

合掌は、拝む心を形にしたものです。合掌礼拝は地上に於ける最も聖にして美しい姿です。礼拝することを忘れ、合掌の姿を失った世界は、実にあさましくも荒涼たるものであります。

密教では、祈りの形として「印」を結びます。その一つ一つが御仏へのメッセージですから、合掌の一つ一つにも意味を持ちます。しかし、その解説を覚えるより、皆さんには合掌の心を胸に刻んでいただきたいのです。

合掌は、その御仏と我とが一つに成る姿を表すものなのです。まずは、合掌の意味を知って、祈りの心を磨いてください。

拝むことによって、自分と社会のあらゆる関わりの人たちを拝むことを意味します。

憎んでいる人も、毎朝そっとその人に対して手を合わせて拝みましょう。きっと、相手を憎む心が融けて来ます。こちらが融ければ相手もかならず融けるのです。祈りとは、きっと御仏を通じて、届くものです。

お釈迦さまは、また「合掌礼拝するものには五つの福徳がそなわる」と説きました。これは、『増一阿含経』に出てくる教えです。

一には、御仏の優しい円なお姿を、朝夕拝んでいると、歓びの心が起こり、信念が現れて、自分の容貌が美しくなる。

二つには、御仏のお姿を合掌して礼拝して一心に唱名念誦する者は、このよい因縁によって、声が美しく優しくなる。

三には、つねに御仏の姿を合掌礼拝する人は、心が優しく温かに慈愛に満ちて、仏に供養することの功徳で、財宝を得るようになる。

四つには、つねに合掌する人は、仏をうやまう功徳で、自ら敬われる長者になることができる。

五つには、御仏を合掌する者の恵まれる福徳は広大で、来世には善いところに生まれ、限りない楽しみが得られる。

仏の心は仏の心をひき、鬼の心は鬼の心をひきます。人を拝む人は人に拝まれる人になります。

合掌する心で毎日を過ごしてください。忙しくて、仏壇の前に座っている時間がとれないという方は、毎朝と食事の前と寝る前に、御仏に手を合わせて、「ありがとうございます」と感謝の気持を表してください。それならば、できるでしょう。

そして、ほかの時間を精一杯使って、家族のために、社会のために、自分自身を磨くために尽くして下さい。

いろいろな入口に、鍵はたくさんあります。合掌は、大きな鍵の一つであります。

八

生きもののすべてが満たされるとき、真の満足が得られる

心というものは、そのはたらきも、その有り様も無限

私たちが、いつも使っていながら、じつはそのもののことをよく知らない、そんな言葉に「心」があります。

「あぁ、心が晴々した」、「そんな心がけでは、よい結果にはならないよ」、「心が痛いね」などなど、毎日どれほど「心」という言葉を使うことでしょうか。

しかし、「心」に触れたり、見たりすることはできません。

目に見えないものなのに、私たちは「心」というものを持っていることを知っています。感じ取って、暮らしているのです。

「良心」「仏心」「改心」「心服」「信心」などなど、心がつく言葉は無数にあり、私たちは、いつも「心」とともに生きていることを教えてくれます。そのことこそ、仏さまがおられることの証《あかし》だと、私は思っています。

心とは、どんなものでしょうか。『大日経』は、心について具体的に解いたお経です。心というと、近年になって注目されたもののように思いがちです。心理学、心象風景、夏目漱石の小説にも『こころ』がありました。

心という言葉を、お大師さまは縦横無尽に使って、難しい密教の教えを説きました。現代に生きる私たちにとって、「心」についての教えは、一番大切なものだと、私は思っています。

「心数《しんじゅ》心王」という言葉を、お大師さまは『大日経開題』のなかで説きます。この言葉は、『般若心経秘鍵』でも同じ句がでてきます。

「心数心王刹塵に過ぎたり

各五智無際智を具す」

心の数と書いて「しんじゅ」とは「心の作用」をあらわします。心の王「しんおう」とは心の王と書いて「心の主体」をあらわしています。

心というものは、そのはたらきも、その有り様も限りなく無限の存在であるという意味であります。

この世のすべてのもの、はかりしれないほどのものが皆、仏の姿をしているのであってその生命の一つ一つには、智慧のすべてが備わっていると教えるのです。

人の顔は小さな面積ですが、まったく同じ顔の人はいません。双子であっても、どこか違います。いったい、どなたが、このような造作を考えたというのでしょうか。

同じように、心はすべて、一つ一つ違った姿をして、まるで違う心を持っているようだけれど、じつはみな同じ仏さまであり、それぞれにあらゆる智慧が備わっているのだと、説きます。

他人を見下したり、自分より劣っている存在だと考えてはなりません。どんな人にも、あなたと同じ「仏の心」があるのです。

逆境にある人は、じつは生命の試練を選んで修行しているのかもしれません。

お大師さまが、さまざまな姿に身をやつして各地を回って、心得違いをしている人たちを諭して去った伝説は、日本列島の津々浦々で、いまも語り伝えられています。

それぞれの「心」の有り様が、その人の人生を左右します。それが「心王」です。

そして、「心」のはたらきによって生きる道が開けるのです。それが「心数」です。

この二つをしっかりと確認して生きましょう。どちらにも、無限の智慧が込められているのだと、お大師さまはここで説いているのです。その力を自分で認識したときが、仏に成るときなのだ、と。

無意識の行動が、仏さまの「心」に近づいているように。そうなるために、私たちは日々の心を磨いているのです。

仏がおられる自分の心を信じて前を向いて歩くように

「各五智無際智を具す」

あらゆる生命が、じつは無限の智慧を備えていることを感じ取ったとき、私たち一人一人の生命は、さらにまた磨かれます。

仏さまの心は、あらゆることを見通せる智慧をもっています。いまの日本人に欠けているのは「想像力」だと、私は思います。

「思いやり」を育てるのが、想像力です。

想像力を培うのが教育です。好奇心を生命の原動力とするなら、想像力は好奇心をコントロールする智慧であります。この両者のバランスを教えて心を大きく深く磨くのが、教育本来の姿だと、私は信じています。

教育とは、教養を身に付けていくことでもあります。現代の混沌の時代に、幕末の激動を重ねる人は多いと思いますが、維新に向かって進み、近代国家の日本を生み出した志士たちの多くが、学び、論じながら、前に向かって勇気を持って生きていきました。

明るい未来を信じる心こそ、仏さまの心を信じる「成仏」の人であります。明日とは、明るい日と書くではありませんか。

その時々、身を置く状況が厳しいときにあっても、明日に向かって生きることが、仏さまの心です。

おもしろいことがないと言っていないで、おもしろくするのは、すべて「心の持ち方」なのです。

仏さまがおられる自分の心を信じて、前を向いて歩くように。お大師さまは繰り返し教えます。手を取り、引っ張って、光に向かわせるのではありません。どんなに辛くとも、苦しくとも、自分の足で前に進む「心の力」を分かち合うように、とお大師さまは、行者である私どもを導きます。

言葉だけでは仏の教えを伝えることができない

平成二十年九月、野球の金本選手が新書を上梓しました。『覚悟のすすめ』というタイトルです。

冒頭に、私との縁が書いてありました。シーズンオフになると、護摩行にもう十年くらい、最福寺に通っていること。私が念を入れて渡しておいた数珠が、デッドボールが左手にあたったときに直撃を受けて砕け散ったことも記されてありました。

金本選手も心を磨いて、磨いて、試練に立ち向かう「覚悟」を持って生きています。自分で覚悟をつけられる、強い「心」こそが、力を鍛え、逃げない精神を練り上げるのです。

その「心」を説く『大日経』とは、いったいどんなものなのでしょうか。

お大師さまは、ほかの経典ではなく、ひたすら『大日経』を求めて、求めて、とうとう唐の都に行きつきました。求める「心」が、あらゆる困難を破って、大きな宝物に行きついたのでありました。

『大日経』は、言葉だけでは仏さまの教えを伝えることができない、ということを説いた経典です。

密教がわかりにくいとされるのは、根本の教えである『大日経』の内容が、言葉だけで伝えられる内容ではなかったこと、そして時代を超え、その時代の常識では考ええない世界を説くものであったことが、大きな要因になっているからだと、私は思っています。

真言宗では、『大日経』は一部を公開していますが、膨大な経典の多くは一定の資格を持った僧侶にだけ伝えます。

それは、たとえば高野山大学で「講義」ではなく「講伝」といわれる形をとります。ひたすら内容を聞くだけで、質問は許されません。
それというのも、内容は修行をしていないものが、いたずらに議論したり、言葉の解釈をしたりするものではないからです。
密教が、教えを伝える弟子を見定めるようにとするのは、行によって得た法力を、どのように使うのか。法力を正しく使える人格をどのように育て、自らも磨いていくのか。力を持つものが自分をどれだけ律して生るのか、そこに人間の真価が現れます。
律することができない者に、人の苦しみを救う真の力はありません。
「親しき弟子といへども操意調はざる者は、
簡略して同じく共にすべからず。
何《いか》に況《いは》んや、
真奥《おう》の道を授けしむべけん哉」　（『御遺告』）
身口意が整ってこそ、教えの真の響きが伝わるのだよと、お大師さまが教えて下さっていると、私は信じています。

これまでの人類の知識や常識を超えるもの

品格が問われる時代は、品格が失われつつある現われだと危惧しています。

大宇宙と、私たち一人一人の小宇宙とが響き合って、生命は生きています。この響きあいを伝えるのが、「自心」であると、大日経は教えています。

「如実知自心」。実の如く自心を知る、それが、『大日経』の主題であります。『大日経』七巻三十六品のうち、唯一公開が許されてきた最初の第一品を「口之疏」といい、それ以外を「奥之疏」と呼びますが、この秘伝のなかに書かれている内容は、現代科学によって解明されてきた世界に通ずると、私は考えています。

いままでは宇宙に人類が飛び出して、さまざまな探査をしています。あるいは、人体という小宇宙については遺伝子レベルで解析が進んで、再生医療の行きつくところ、生命体そのものまで創ることができるのではないかというほどになっています。

脳のはたらきについても、然りです。たとえば、西洋では深層心理・無意識の世界を、夢の心理的分析としてフロイトが説いたのは一九〇〇年のことですが、『大日経』は七世紀にすでに、夢の内容を、弟子の深層心理を判定する重要な要素としていたとされます。

まさに、『大日経』が説く世界であり、時代が教えに追いつきつつあることを、著者は感じ取って、秘経の公開という新たな一歩を踏み出したのです。

これまでの人類の知識や常識を超えるものだから、「一般社会には誤解と不信と危険を招く」ものだから、公開されなかったと、いわれています。

「この経はこの一字をもって体となす。この経の始終はただこの字義を説くのみ。この字に無量無辺の義を具す」

「この字」とは、阿字であります。梵字の「ア」に込められた意義は、とてつもなく深く広いものだと説くのです。

生命は阿字から旅立って宇宙をさまよい、やがてまた阿字という大いなる仏さまのふところに帰っていく。それが、生命の旅、心の旅なのだと、お大師さまは教えます。

その生命の源を私たちに感応させる「阿字」の瞑想をすれば、私たちの仏性を覆い隠している三つの毒を払って、仏さまと一体になることができるのです。

私は以前、拙著『左脳で記憶すると数百倍損をする』に書きましたが、密教の瞑想は精神の癒しというだけでなく、潜在意識を活発にするはたらきがあるようです。

密教瞑想法の基本は、自分の胸の中に澄みきったまん丸い月を思い描き、その月輪の中にさまざまな梵字の神秘な字義を観想します。

梵字は瞑想によって三昧耶形となり、三昧耶形が変じて御仏の形となり、その御仏と自分とが一体になる、このイメージによって感じるものがあるはずです。

詳しい行法は、私の著書にいくつか出ていますので、これをご覧いただくとよいでしょう。

正しい瞑想をすると、自分という存在が、一人ぼっちで、孤立して存在しているのではないことが直感的に分かってきます。ひたすら仏さまを観じるところに、瞑想の世界が生まれます。

菩提を求める修行をする者は、心のなかに隠れている光の本性を見つけて、次第に明るくしていく、ついに円く輝く仏の智慧を得るのだ、とお大師さまは教えるのです。

そのために、梵字の阿字を観じて瞑想するようにと説きます。

阿字は神秘の扉を開く文字

阿字というのはサンスクリット語（梵語）の「ア」を音写したものです。

「一切言語の根本にして衆字の母なり」と経典にありますように、あらゆる言葉、すべての文字の母であり、一切の法、すべての教えの源です。

生きとし生けるものすべての生命は、大日如来から生まれ出るもの、その大日如来を象徴する文字が阿字なのです。

その阿字をイメージしながら瞑想するのですが、それは生命の故郷に還る修法です。入門編でありながら、奥深い瞑想です。

阿字観瞑想法とは、梵字の「ア」を蓮華座の上に描いたものを見つめて、この文字と自分とが同一になることを観じながら瞑想するものです。十五分ほどで出来るので初心者にもはじめられる修法です。

この瞑想法では、「ア」の音を小さく発しながら胸におさめて、しばらく止めます。手で印を結び、口に音を発し、さらに阿字と一体感を持つようにイメージを描くのが、特徴です。

阿字は、神秘の扉を開く文字ともいわれています。

阿字は、すべての根源です。私たちが見えている存在であろうと、見えなくなる霊の存在になろうと、中心に阿字があると思っていただくと、よいでしょう。

「青いお空の底深く、
海の小石のそのように、
夜がくるまで沈んでる、

昼のお星は目にみえぬ。
見えぬけれどもあるんだよ、
見えぬものでもあるんだよ。」

金子みすゞさんの詩は、まさに阿字の本質をうたっています。

昼の星は暗くなるのを待って見えますが、心に輝く阿字は、瞑想によって、大きく大きく広がるよと、お大師さまは教えます。

阿字には五つの意味があると、お大師さまは説いています。

菩提《さとり》を求める心、菩提を求める修行、菩提を証すこと、完全な涅槃つまりはさとりの世界、方便としての智慧を完全に具えること。

言葉で表現すると、よくわかりませんね。教えとは、自分の全身全霊で理解して、ようやく知るのです。

まずは、思い立つ。そして道を歩き始めます。菩提の手ごたえを得て、やがて完全な覚りの世界を感じ取ります。仏さまのパワーを得ることができたのです。

そうしたら、その力を万民のために使いなさいと、お大師さまは仏の道を説きます。

自分の心を見つめて知る

強い人が尊ばれるのは、弱い人を助ける力を持っているからです。

生命の基本が、現代では忘れられようとしています。

大日如来、宇宙そのものとは、天も人も餓鬼も同じく包み込み、ともに生きているのだから、天だけ、人だけ、鬼の世界だけを論じていてもほんとうの幸せにはつながらない、とお大師さまは教えます。

生きとし生けるもの、すべてに仏性があるのですから、たとえ鬼でも、いっときでも天界の喜びを知れば、その喜びを永遠のものとしたいと願い、「かの天龍」とお大師さまはここで呼んでおりますが、生命の源である神仏に帰依して、苦しみを抜いて、楽しみを与えてほしいと慈しみを祈るようになる、というのです。

お大師さまは、『十住心論』でも、「瞑想」について教えます。

「三途の苦果は前因を畢《おわ》りて出て、四禅の楽報は今縁に感じて昇る」

苦しみは去り、瞑想によって得た楽の果報によって、天上界に昇ってきたのが、この嬰童無畏心であります。

ホッと一息ついて解放された気分になるのです。そこにいたる道に「瞑想」があります。安らぎの精神世界に至る修行であります。道教もヨガも、さまざまな宗教が瞑想を取り入れています。

そうした「瞑想」についても、詳しく論じていながら、しかし、この段階で得た「安らぎ」は、輪廻を脱するものではなく、一時の休息なのだと、お大師さまは説くのです。

お釈迦さまは、瞑想によって覚りを開きました。人間とはなにか。生きるということはどんなことなのか。深い瞑想の末に、生命の真理を知ったのです。

深い瞑想に入った状態を、三昧と言います。贅沢三昧などと日常の言葉にも使われる「三昧」は、本来は我が心におられる仏さまと出会っている状態のことであります。ほかの雑事雑念にとらわれない、超越した一心の世界に入ることなのです。

お釈迦さまが、二千五百年ほど前に、インドの大樹の下で、この三昧の境地に到達して得た生命の真理が、仏教の原点です。すべての教えは、ここから始まりました。お釈迦さま三十五歳のときでした。

そのお釈迦さまの言葉を教えとして、原始仏教の経典が作られました。しかし、経典を究めていくだけでは、お釈迦さまが到達した覚りに触れることはできないのです。

密教は、お釈迦さまが覚りを得た、その胸の中に飛び込んでいったのです。

瞑想によって、お釈迦さまと一対一で呼吸し、感覚を得ようとするのが、密教の行であります。

お釈迦さまの呼吸を我が呼吸として、一体となろうとするものなのです。お釈迦さまが、初めて瞑想によって、仏さまの世界に入ったのですが、その後も有名無名の修行者たちが、同じように三昧に入り、大日如来の教えに触れていきました。

弘法大師空海、お大師さまもその一人でありました。

三昧と自己催眠とはまったく違います。三昧とは批判能力をもっています。ちょうど、じーっと静かに回る独楽のように、三昧とは頭脳が非常に明晰な状態であります。

自分の心を見つめて、知る。私たちは自分の心を知っているようで、じつは知らないことのほうが多いのです。知っているのは、ほんの僅かで、氷山の一角にすぎません。

どのような葛藤が心の奥底に潜んでいるものか、次第に見えてくれば、そこから道が開けます。

自分のなかの葛藤に「はっ」と気づくと解放される。気がつかなければ、その虜になって、そっちの方に行ってしまいます。

自分の妄想に引きずられて闇にさまようことになります。自覚する自分の心を深く知るということは非常に大切であり、この「如実知自心」という教えを徹底したのが仏教であり、密教であります。

瞑想とは宇宙と呼吸を通わせて、宇宙の心を生きること

心はどこにあるのか。「内に在らず、外に在らず、及び両中間にも、心は不可得なり、つまり得ることが出来ない。心は青に非ず、黄に非ず」と、『大日経』は説きます。ここから「識」、意識の「識」ですが、この存在が表れてきます。

「外道」と密教と違うのは、精神世界を感応して得る「超能力」をどのように扱うかにあるでしょう。

「私ほど苦行した者はいないだろう」と、お釈迦さまは弟子に言われました。身体を痛めつけて得るものを、とことんまで究めて、これではないと、わかったのです。

行とは体験です。ただただ、苦しめることを目的にした苦行では、ある種の超能力を得ることはできるでしょう。しかし、その超能力を、どのように使えばよいのかは、苦行からでは答えは出ません。慈悲の心がともなっていないからです。

苦行から得た超能力だけでは、人々の苦しみを救うことができないばかりか、かえって不幸にしてしまうこともあると、お釈迦さまは理解したのだと、私は思います。

その力の源は、なにか。お釈迦さまは、そう思って、苦行をやめて、里に下りてきたのだと、思うのです。

そして、深い瞑想の末に、生きものがすべて持つ生命のサイクルは、生老病死の苦を背負っていること、そして、その苦をどのように解脱して生きていくのかという「覚り」を得たのです。

覚りを得たお釈迦さまは尊い真理への扉を私たちに開いてくださいました。

その扉には、しかし、さらに奥深い秘密の扉が隠されていることを、密教の始祖たちは教えてくださって、生命の秘密に、私たちを導いてくださったのです。

しかし、お釈迦さまは瞑想によって得た超能力を使うことを禁じます。ご自身と厳選した弟子だけが、苦しむ人たちを救うために超能力を使ったようです。それよりも、これに代わる戒律をもって、お釈迦さまは御仏への道を説きました。

護摩行と瞑想とは、動と静ともいえる行法で、いずれも即身成仏という、お大師さまの究極の教えに行き着きます。そこが、密教の行としての瞑想であります。私は、日ごろは護摩行を修していますが、瞑想も幼いときから教えられてきました。

瞑想とは、「宇宙と呼吸を通わせて、宇宙の心を生きること」だと、瞑想を究めた山崎泰廣師が説いておられます。私たちが息づいている大きな宇宙のリズムと、私たち自身である小宇宙とが、ピッタリと一致したとき、私たちは宇宙そのものである大日如来に包まれて、仏さまと一体になるのです。

一人が救われれば、すべての救いにつながる

瞑想は、全身で思考することです。方法はいくつもありますが、真言密教では、阿字観や月輪観を中心に瞑想を教えます。

私の亡くなった母、智観尼は行者としても私の師でありますが、私とは違って護摩行はせずに、瞑想と読経を行としました

母は、平成三年十二月六日、八十六歳で入寂しました。亡くなる日の天候を前以て語っていたほど、法力の強い母でした。弟子や信徒の方たちからは「仏さんのようにやさしい」と言われましたが、私にはきびしい、きびしい母でした。

母は、午前零時から朝まで読経しました。午前四時には、歩いて少し離れた浜に出て水を汲んで、また祈ります。春夏秋冬、変わらない日課でした。

祈って祈って祈って、みな人のために瞑想して、祈りました。母は霊感の強い行者でしたから、私達の肉眼では見えない宇宙の彼方までをも見ることができたかと思うことが

多々ありました。

私心なく祈ることこそ、母の信念でした。そうした能力を生涯にわたって人々のために役立つことができたのは、祈りによる瞑想が母を守ってくれていたと、私は信じています。

瞑想は、内なるわが世界、御仏の世界を照らし出してくれるものであります。

菩提を求めれば、修行が待っています。きびしい道を越えて、菩提というものを知り、その素晴らしい世界を知ったら、そこに自分だけが安住するのではなく、他の人々の苦しみを救うのだよと、お大師さまは教えています。

なぜ、苦しみを味わってまで、他人に尽くさなければならないのでしょうか。そこに生命の秘密があるのだと、私は信じているのです。

本当の満足とは、自分だけの小さな世界を満足させようとして得られるものではない。生きものすべてが満たされたときに、はじめて真の満足が得られるのです。

それが、生命の有り様です。孤立して生きている生命はありません。みなみなつながって生きています。

仏さまが救うのは、一人だけではなく、一人が救われれば、その周辺にいる者すべての救いにつながるからなのです。周辺の者たちが救われれば、救いはさらに広がります。

生命は、そうして生きながらえてきたのです。できるだけ、さまざまな形や心を持って生きるのは、それぞれの役割りを互いに生かしあえる利点があるからです。

力ある者は力を、力弱き者は弱さによって互いに救いあう、それが生命のルールです。強い者が強くいられるのは、弱い者がいるからです。勝者は敗者があって、はじめて勝者になります。

力が強い者と弱い者、頭脳のはたらきが強い者と弱い者、心が強い者と弱い者……。そうした「差別《しゃべつ》」の組み合わせによって、世の中は動いているのです。

勝負が神仏に捧げられたのは、勝者には力をつかって、より多くの人々の役に立つようにと、神仏が選ぶためのものだという考えがあったからでしょう。古代ギリシャのオリンピックも日本の相撲も、勝者の力をもっと人々を救う神仏の力としたのです。

しかし、その力を使わずにいたのでは、ただ過去の栄光を思い出して生きるだけの人生になってしまいます。

次の世代を育てたり、より大きな挑戦をして人々を勇気づけたり、自分の満足を他者と分かち合うことによって、その力はさらに大きく光を放つのです。

楽しいとき、私たちの心は満たされます。苦しさだけで決して満ちることはないのだとお大師さまは教えて下さっているのです。

一人で登るのもよいが、みんなで登ったほうがもっと楽しい、足が弱い人がいれば荷物を持とう、たがいにできることをしあいながら頂上に立つ喜びを味わうと、一人で登ったときとはまた違う感動があります。

それが大欲の教えです。

私たちは、光明の世界を信じて、いのちの旅を続ける遍路

人は大きくなるとき、苦をともないます。しかし、それは成長の過程であって、苦しみに負けてしまったのでは、生きる楽しさを味わうことができません。

苦楽は、じつはわが心にあります。

「慈は能く楽を与え、悲は能く苦を抜く」苦しみから救い出すだけでなく、生きる楽しさを与えて下さることこそ、仏さまの救いです。私たちは苦を求めて生きるのではない、苦はあくまで楽に通ずる近道なのです。

私たちが生きるということは、呼吸をし、意志を持って脳細胞をはたらかせます。心が動き、手が動き、足が動きます。

手足が動かなくとも、瞳を動かし、口を動かし、あらゆる器官を使って、私たちは生きるはたらきを続けます。

動けないとき、動きたくないときに動かすことは、苦であります。しかし、動かすことによって、思ったことがかなうのです。

自らに備わった力を知り、どのように使えばよいのか。それが瞑想で知る、「自心を知ること」であります。

阿字観という瞑想は、リラックスした腹式呼吸法を基本に、吐く息、吸う息に「ア」の声を念じて、大生命を感得する瞑想法であります。

「凡そ最初に口を開くの音《こえ》にみな阿の声《しょう》あり」

これは、『大日経疏』の教えです。

私どもが軽く口を開いて声を出すと、自然に「ア」という音が出てきます。お大師さまが作りました「アイウエオ」の五十音も、アに始まります。

阿はすべての文字、すべての声を生み出す母であり、そんな文字にも声にも「ア」が存在しています。仏さまが、私たちが生きるこの宇宙に満ちているのと同じく、「ア」が遍満しているのです。

阿字観の瞑想にあたって口から出す「ア」の声は、口を軽く開いて出すとよいのです。

「阿字観の修行者は、急ぐべきは急ぎ、緩やかにすべきは緩やかにし、進むべきは進み、退くべきは退き、行往坐臥に阿字不生の大生命に生かされていることを深く観ずる」

これは、密教瞑想の現代における第一人者、山崎泰廣師の言葉であります。密教瞑想は本来の自己に目覚めるものであり、一般の自己催眠とは異なると、山崎師は説いています。阿字を観じて瞑想することによって、この宇宙に生かされている自分を感じ取るのです。その自分が、どれほどの存在であるのか、どのように生きていけば「充ちた心」を知ることができるのか。自らに備わった力を知るのが阿字観であり、『大日経』の教えであります。

生きる喜びは、素直な感動にあります。それが、生きとし生けるものすべてがもつ仏性なのだと、お大師さまは教えて下さいます。生きることは、他者の感動との共鳴です。狭い谷間にこだまするばかりの、一人ぼっちの感動よりも、手をつなぎあって分かち合う感動は、平原に広がる天空の雲さえ動かす大きなものであります。

いま生きている人々への共感と感謝は、阿字の再発見であると、私は信じています。人間は苦しいとき、辛いときに、試されます。他人の苦しみをわかる心が、「同悲」です。この尊い気持ちを知るのが、苦しみの功徳ともいえます。

苦しみのなかでなにが一番苦しいでしょうか。人それぞれに答えはちがいましょうが、私は「敵を許すこと」が、最も苦しいことではないか、と思います。

密教が、開祖を大日如来という宇宙そのものに定めたのは、お釈迦さまの思想をつきつめて、さらにルーツをさかのぼったからでした。人類が超古代から知っていた「智慧」、つまりは生命の真理にいきつくことを知ったからでした。慈悲だけでも、人は救われない。智慧だけでもまちがってしまう。慈悲と智慧との調和によって、生命は満たされるのです。

苦しみとは、バランスを崩した生命が、智慧と慈悲とをとりもどすためのプロセスだと考えられます。すべてをゆるし、包み込む、大日如来のおおきな慈悲と智慧の片鱗が、私たちの心には分け与えられています。

私たちは、光明の世界を信じて、いのちの旅を続けていく遍路なのです。

『大日経』が心を説くとき、阿字を以て教えた真理を、しっかりと身口意に刻んで、日々を生きていこうではありませんか。

九

祈りとは自分自身を磨くもの

壁は自分の心がつくるもの

私の故郷、鹿児島は山と海に挟まれた狭い土地であります。いまでは、山を削って海を広く埋め立てていますから、街の様相はずいぶん変わりましたが、昔、鹿児島にやってくる旅人は、みなこの険しい山道を越えてやってきました。

険しい山々の「壁」を越えれば、豊かな海の幸と山の幸、温暖な気候に恵まれた風土が貧しいながらも人々の暮らしを守りました。

封建時代にここを治めていた島津家は、同じ領土を支配している年月の長さでは日本一だそうですが、入ることが難しい鹿児島の地形が、天然の要塞となって、敵の侵入を拒んで来たことが、「長期政権」を保った大きな要因だともいわれます。

いまでも、鹿児島市内は急な坂道が多く、まるで小さな島が点在しているような小山の上に住宅地があるので、隣の町内に行くには坂を下ってまた上って、住んでいます。

鹿児島で暮らす私にとって、目の前にそそり立つ崖は、日常の風景となって、何の苦もなく過ごしています。しかし、よそからやってきた人は奇岩が連なる風景に、驚いています。

思えば、鹿児島は日本列島の南端にあって、何万年も前から人が住んでいました。黒潮に乗って、あるいは偏西風に背中を押されながら海をわたって、人がこの地にたどり着き、温暖な風土に住み着き、やがて北へと移動しながら、日本という国を創っていきました。

県内には縄文遺跡があり、また天孫降臨の伝説が残る土地がいくつもあり、古代天皇家の人々をめぐる言い伝えや前方後円墳も少なくありません。古代、大和政権誕生の時期に、天皇家につながる有力者がいたのだろうと推測しています。

これほど険しい山道であっても、通れないわけではなく、人はどんな山でも、必要があれば道を切り開いて通っていったことを教えてくれます。

「人生は山あり、谷あり」。

私たちの人生もまた、壁にぶつかり、これを乗り越えたと思えば、また次の壁、山の峰がたちはだかります。

そこに山があるからと、次々に征服しながら前に進む人がいれば、麓をぐるりと回り道をして向こう側に行きつく人もいます。しかし、これはだめだとあきらめてしまっては、いつまでたっても壁は目の前から消えません。

その壁は、自分の心がつくるものだと、『大日経』にはっきり書いてあると、お大師さまは教えます、

「仏のいはく。障無量といえども、要をもってこれをいわば、但し心より生ず」

かつて記録的なベストセラーになった、養老孟司先生の『バカの壁』には、心に壁をつくってしまうから、物事がうまくいかないのだ、と書いてあります。

それは、「自分の意識だけが世界のすべてだと思い込む一元的な考え」に凝り固まっている状態を「バカの壁」をつくっている状態だと言います。

「短きつるべの水を汲む、

疑《うたがい》を井《いど》の涸れたるに抱き、

小さき指の潮を測る、

猶《なお》底の極まれるかとへり」（『三教指帰』中）

短い縄のつるべをもって水を汲み、水が少なかったからといって、井戸が涸れてしまったかと疑い、小指をもって海の深さを測り、指がすべて入ったからといって海の底に届いたと思い違いする。

「井の中の蛙《かわず》大海を知らず」、昔の人は、狭い了見に陥っている人を戒めてきました。

人の道は仏になるための大きな関所

お大師さまが教えるのは、まさに『バカの壁』で養老先生が指摘した、自己中心的な考えです。壁を取り払うためにはは、どうしたらいいのでしょうか。

その一つの道として、儒教が説いている人の人たる道を習い、仏教が教える善を学びなさい、とお大師さまは示しています。壁を乗り越える道は、いくつもあるという示唆なのだと、私は学びました。

人の人たる道とは、仁、義、礼、智、信です。

仁を「不殺」、仏教では殺さないことだと教えます。己の身になって他に与えることが、仏さまの道へすすむことなのです。

義は「不盗」、他のものを取らないことです。おのれのものを節約して他に与えてやる。

礼は「不邪」、男女の道を乱さぬことです。人の世にはすべて礼儀によって秩序があるのだと、お大師さまは説きます。

智は「不乱」、酒に乱れぬことです。つまびらかに事柄を決定し、よく道理を通すことです。

信は「不妄」、うそをつかぬことです。言ったことは必ず実行すること。

この五つをよく行えば、四季は順調にめぐり、万物の元は乱れず、国は安定し、家庭に隠し事はない、と言います。

儒教では「五常」、仏教では「五戒」と申します。

人間は、社会の動物です。群れをつくって生きています。たった独りで生きているのではないことを知る。壁にぶつかったら、このことから、はじめてみましょう。

人と共に生きるために「五戒」はありますが、他人を生かすことが、自分を生かすことだと、気づくとき、私たちは初めて「人と成る」ことができるのです。

人と成らなければ、仏さまに成ることはできません。人の道は、仏さまに成るための大きな関所なのです。

峠を登って、ようやく関所が見えますと、旅人は安堵します。悪いことをしていれば、関所は恐ろしい所、避けて通らねばならない所です。しかし、「五戒」などの善いことをしていれば、やっと人に出会える所、自分が何者なのかを確認してくれる休息の場にもなります。

「あぁ、無事にたどり着いた」

その安心が、心の壁を取り払います。

仏さまの光に気づくのです。

自分の中に光を見つけることこそ、ほんとうの喜びを知る第一歩

インドで生まれた密教は、生命の元を五つの要素だとしました。物質としての「五大」に、お大師さまはもう一つ「識」を加えて、六つあるよ、としたのです。

儒教の「五常」に、仏教の善を加えると、人としての道となると説いていますが、それは「十善」の教えであると同時に、仏教の根っこである「慈悲」を加えて、私たちがなすべき道を教えているのだと、私はとらえているのです。

五つの戒めは、いずれも「不」という言葉がついているように、「なにか、してはいけないこと」の教えです。ネガティブな教えですね。

そこに、「善」、すべきことを持ってきたところに、お大師さまの「あらゆることを肯定して生きる」という教えがあるのです。

おカネを儲けて贅沢をし、毎日美味しい食事に明け暮れ、異性と楽しく過ごすことばかり考えて生きていることが、じつは虚しい人生を送っているのだと気づいたとき、人間はおのれが高い崖の縁《ふち》に立っていることに気づきます。

大人の深い智恵も持たないまま、自分で、危険な崖の上に立っていると気づけば、戻ることもできましょうが、目の前に広がる闇に気づかずに進んでいけば、深い闇に落ちるのです。

それでも、お大師さまは、「悪人だって救われる」と、説いています。

もともと、悪人などいない。目覚めたときから、救いの道が開けるのです。

人間の身体的な成長と精神の成長と、ときにどちらかが早く、もう一方が後からついていき、また逆転しながら育っていきます。

心身の成長ぶりが競合したり相克しあったり、青春が大きな感動と深い挫折感を持ち合わせているのは、生命が持っている矛盾そのものでもありましょう。

私も、若き日の思い出をたぐれば、日々、自分の成長に自分が追いつくのが精一杯だったのだと、感じます。

それが、生きることだと、いまならわかりますが、苦しいときもありました。しかし、仏さまを信じ、親や周囲の人、見知らぬ数々の人たちから贈られた愛の温かさに、仏さまの光を見つけて、もう一度、がんばってみようと思って、立ち上がったのでした。

お大師さまはすべての生命に輝く光を信じて生きていました。その光を、自分のなかに見つけることこそ、ほんとうの喜びを知る第一歩なのだと説いているのです。

「人と比べることはできないのに人と争っていた」

オリンピックは、スポーツの祭典ですが、そこに集う選手たちは、苦しいトレーニングを乗り越えて、世界の表舞台に集まってきます。それぞれに「壁」を乗り越えているので、その言動に教えられることが多々あります。

迷いの闇は、選手たちの心にもあるはずです。勝ちたい、メダルを取りたい。しかし目の前にくり広げられる戦いは、そんな野望を打ち砕く、過酷なものです。

二〇〇六年、冬のオリンピックがイタリアのトリノで開かれました。スキーの大滑降・回転の競技で、日本選手が五十年ぶりに入賞を果たしました。二人、という快挙で、そのなかの一人、皆川賢太郎選手はわずか〇秒〇三という僅差でメダルを取り損ねました。

「本当にメダルが欲しかったですね」

そう語りながら、皆川選手の表情は、さわやかでした。

じつは、皆川選手はスタートまもなく右ブーツのバックルが外れてしまったのです。

アルペン・スキーは速さを競いながら、そのスピードが回転のコントロールを失う要因になるという、難しさがある競技です。

微妙なかじ取りをむずかしくしたハプニングでしたが、皆川選手は見事にハンデキャップを乗り越えて、ゴールしました。しかし、結果は四位です。

「もっとリスクを背負っていい箇所もありました」と、彼はいいわけせずに、自らの滑りを冷静に反省したのです。

皆川選手は、ソルトレーク・オリンピックにも出場しましたが、失格しました。その後に左ひざに重傷を負いました。復活するまで丸二年、他の選手に負けたくないと完治しないままに出場しては、傷の治りを遅くしていたのです。

「スタートすればコースには僕一人、人と比べることはできないのに人と争っていた。先を急ぐと、何が足りなくなるのかもわかった」

そう語っていたそうです。「壁」が、自分の心にあることに気づいていたのです。

トリノ・オリンピックでは、女子フィギュア・スケートで荒川静香選手が金メダルをとりましたが、日本は大選手団を送り込んだにもかかわらず、メダルがとれません。「四位オリンピック」などと呼ばれるほど、僅差で四位というケースが多かったのです。

時差の関係で、生中継は深夜になりますが睡眠不足に耐えながらテレビの生中継を観ていた日本人たちは、すっかり意気消沈していました。

もうこのまま、日本チームはメダルを一つも取れずに終わるのではないか。そんな絶望感さえ流れ始めたとき、まるで「女神」のように、荒川静香選手が氷の上に登場したのでした。

名前の通り、静かな表情で滑りはじめた荒川選手ですが、技が一つ一つ決まり、その力強い演技に会場が引き込まれていくと、彼女の表情がグングンと変化していきました。笑顔、それも充実感にあふれた笑顔が、やがて全身を輝かせていきました。終わった時の、達成した！　という表情を見ていましたら、思わず涙がこぼれそうになりました。

勝利の女神が投げかけた感動は、世界中に広がって、人々に力を与えたのです。

ここにも「行」に取り組む人がいた

しかし、荒川選手も迷いの闇から生還して得た勝利でした。

幼いときからスケートを始めた静香さんは、天才少女でした。誰でもできるわけではない三回転ジャンプを楽々とこなし、出場する競技大会で次々に優勝していきました。

十代で長野オリンピックに出場しますが、入賞することができませんでした。前評判が高かっただけに、マスコミや関係者からも酷評されました。すっかり傷ついた静香さんは次のソルトレークに出場できず、表舞台から姿を消したかに見えました。

内にこもった静香さんですが、一念発起して早稲田大学に合格しました。スケートを滑りながら、学生生活を続けていたのです。そして、もうスケートは止めようと、最後の試合だと臨んだ、ドイツでの世界選手権に勝ったのです。

本人も驚く「奇跡」だったと言います。そして、もう一度オリンピックを目指そうと、静香さんはトレーニングを始めました。言葉で語ってしまえば、簡単なようにみえますが、どれほどたいへんなことだったか、想像がつきます。

その間、荒川選手を支えたのは、両親の愛でした。「平凡なサラリーマンの家庭」という荒川家で、フィギュア選手を育てるのは、たいへんな金銭的負担がかかります。

靴は一足十五万円ほどを、年に五足も六足もはきつぶします。衣装はすべて、お母さんの手作りです。洋裁をしたこともないので、知り合いから衣装を借りて、ほどいて型紙を取って縫うという、一からの仕立てです。

見栄えよく、動きやすくと、お母さんは一針一針に心を込めて縫いつづけてきました。競技大会のたびに、新しい衣装が出来上がり、静香さんはその衣装を着て、滑ってきたのです。

「母の手作りの衣装を着ていると、いっしょにいるような」と、静香さんは語っているそうです。なによりの応援団ですね。

荒川選手は、きっとご両親の愛の光を、闇の中で感じ取って、もう一度やってみようという希望に変えたのです。

そして、最後の大舞台がやってきました。多くの人が、荒川選手が銅を取れれば上出来だと思っていました。それほどに、世界の強豪が揃っていたのです。しかし、絶対視されていたロシアの選手や好調のアメリカ選手が続けて転倒しました。緊張のあまりでしょう。それほど張り詰めた会場なのです。そこで、荒川選手は伸び伸びと演技しました。

「メダルを取れるか、どうかではなく、十分に踊れるか」

そのことが気持ちを占めていたと、荒川選手は言いました。最高の演技で滑りたい。この日のために、できるかぎりのことをしてきた、という自分への信頼が、メダルを取りたいという目先の欲を忘れさせてくれたのです。

勝利へのコツをきかれた荒川選手は、「毎日続けることですね。休むと、取り戻すのがたいへん」と語っていました。ここにも仏さまの心に触れた「行」に取り組む人がいると、私は心強い思いです。

人として生まれたことは尊いこと

ギリシャ神話に「パンドラの箱」というお話があります。神さまから、決して開けてはいけないといわれていた禁断の小箱を、少女は好奇心に負けて開けてしまいます。

その瞬間、封じ込めていた悪のすべて、怒りや妬みや猜疑心、疫病から災害まで、人間を苦しめるすべてが世界に飛び散っていったのです。

絶望した少女が、ふと箱の底を見ると、たった一つ残っていたものがありました。それは「希望」だった、というお話です。

人間は、希望という心の灯りによって、蘇えることができます。明日に夢を持つということが、それほど強い「心の力」です。

儒教は五つの戒律だけで、人の道を説きました。しかし、きびしく戒律を守れば、人が人として生きていくことができるでしょうか。もちろん、この戒律なくしては、混乱の社会になってしまいますから、必要なことにちがいありません。しかし、何かが足りないぞ、とお大師さまは考えていたのです。

若いときから、お大師さまは儒教や道教そして日本に入っていた学問重視の仏教に疑問を持っていました。人が満たされて生きるには、足りないものがあると、感じていたのですね。

お大師さまは、唐に渡る前に、日本にある心の書ともいうべき儒教、道教、そして仏典を読んで研究していたのです。その上で、人は人として生きるには、心をみつめ、そこに光を見つけるという、シンプルな生き方こそが、すべての出発点になることを、唐で得た『大日経』の教えによって得たのです。

「自心を知るはすなわち仏心を知るなり。

仏心を知るはすなわち

衆生の心を知るなり」（『性霊集』）

自分自身を知らずして、わが内におられる仏さまを知ることができるはずはない。その仏さまの心を知ることが、人々の心を知ることなのだ、とお大師さまは教えます。

人として生まれたことは、尊いことなのだという自覚を、私たちは胸に刻んで生きて生きたいものです。

それは、動物をさげすむことではありませんで、人に与えられた能力が、いかに豊かなものを生み出すことか、その素晴らしさを存分に生かして生きることこそが、人の道なのだと、お大師さまは教えているのです。

「愚童凡夫、ある時に一法の想生ずることあり」

『大日経』の言葉です。

心を掃除すれば壁は自然に消えていく

何かのきっかけで「善いことをしよう」と思った、それが第一。小さなことを実行してみると、うれしい。その気持ちから、また善いことを行うのです。

この「小さなこと」とは、たとえば、毎日の生活にリズムを持って送ることからはじめてもいいのです。

気持ちがいいことが、次の気持ちいいことにつながって、扉が開いていきます。

引きこもらないで、朝、深呼吸をしてみましょう。やめないで、一週間続けてみましょう。すると、なんだか気持ちがよくなっていることに気づきます。

次には親や親族に施しなさいと、経典は教えます。いつも、してもらってばかりだなぁ、と気づいたら、たまには「ありがとう」の気持ちを添えて、何かしてあげましょう。

その施しを他人に広げてみましょう。これが「第三の蕾のふくらみ」だと、教えます。

次に、この施しを徳のある立派な人に与えるのが、第四の葉の広がりです。

徳のある社会をつくるには、徳の高いリーダーを育てねばなりません。古代では王であり僧であり儒家や道家などの哲学者でしたが、現在は政治家であり地道な研究を続ける立派な学者というところでしょうか。その道に専念してもらうために、施しをするのです。しかし、大衆を率いるための徳を求められる政治家の品格が問われたり、学者のデータ捏造が問題になる世に中を、まずは正さねばならないのでしょう。

高貴なるものの義務、それが公共心であり、持てるものが持たざるものに施しをする原点なのです。

第五は芸能の人、すぐれた仏者に施す、と『大日経』は説きます。感情を育て、感動によって心を開くことを「花びらの開花」としています。そのことによって「親愛の心」を発することができるのだ、と。

そして、その心をあらゆる人に与えるのが、第六の実りなのです。

考えて行動するのが智慧のはたらきなら、愛をもってすべての人に与える心は慈悲、その両輪が調って心は育っていくのです。

「然もこの障、何をか因となすならば、慳貪等を因となす。もし彼の因を除けば、諸障自《おのず》からやむ」

『大日経開題』で、お大師さまは続けます。心の壁は、みな自分がつくる「ほこり」によってできているのです。身口意をはたらかせていないと、すぐに「怒り」「むさぼり」「おろか」な行いによって、心にホコリがたまります。心を掃除すれば、壁は自然に消えていくと教えます。

「衆生の心清浄なるときは仏を見、
もし心不浄なるときは仏を見ず」（『二教論』）

不安や不信などのホコリに覆われて、自分のなかにある仏性が見えなくなってしまいます。

仏さまの前で行をしようという心がまさに菩提心

体罰を受け続けていた高校生が自殺した事件がありました。顔を三十回以上も殴り続けて指導した、運動部の顧問である教師の精神状態に問題があると私は思いますが、体罰の是非が大きく取り上げられました。

この事件について、プロ野球選手として活躍した桑田真澄さんが、スポーツは他人との闘いではなく、自分自身の心の闘いだから、体罰で強くなるわけではないと、言っていた言葉が印象に残っています。

毎年、シーズンオフになると、私の鹿児島の寺にやってきて行をするプロ野球選手たちがいます。私や弟子たちと三メートルにも及ぶ炎の前で二時間ほど、般若心経を唱え、声を張り上げて真言をくります。

この激しい護摩行で、野球の技術が上がるわけではありません。しかし、みな我が心と闘い、磨いて、強く練り上げているのです。

きびしいプロ野球の世界に、壁はたくさんあるはずです。それを乗り越えて、よりよき選手となることを願って、彼らはがんばっているのです。

壁を乗り越えようと思う気持ちが「菩提心」であります。仏さまの前で行をしようという心が、まさに菩提心であります。

生命の源が黄金の炎を揚げて燃え盛る太陽であるなら、銀色の光を発する月もまた生命そのもの、仏さまの姿であると、お大師さまは、私たちを即身成仏の世界に導いてくださいます。

自分の心とはそれほどに大切なもの、自分という存在を磨くことの尊さを、お大師さまは教えているのです。

安らぎの世界は、よい香りに包まれ、緑と花にあふれ、鳥が飛び交い、音楽が聞こえてくる楽園だと『大日経』は教えます。

私たちが癒される環境とは、このような楽園であろうと、私は思います。

人は、大地が平らで柔らかく、まるで母の手に抱き留められているような優しさを感じる土地に立つとき、心おだやかになります。輝くものが金銀です。

おいしく、身体によい水があります。

樹木と花々があります。

山川草木悉皆成仏。大日如来のあるがままの姿とは、宇宙を構成する元素が調和して醸しだす、美しい世界なのです。

円には生命の力がこめられている

スポーツは、本来はみな生命と生命とがぶつかりあう「神聖」なものでした。しかし、その中心となる精神が忘れ去られているように思えてなりません。受け継いでいる伝統の中に、そうした本来の意義を守るものが残っているのではないでしょうか。

私は大学時代に相撲をしました。なかなか強かったのです。相撲はスポーツだという人がいますが、私はそうだろうか、といささか首をかしげます。もちろんスポーツとしての一面はあります。

しかし、それだけではない世界が相撲にはあると、思っているのです。身体と身体とをぶつけ合うものですが、格闘技ともレスリングとも柔道とも違うのは、土俵があるからだ、と思っているのです。

ほかの競技は、みな四角いリングの上で闘います。しかし、相撲は円い土俵の上で勝負するのです。

そこは、この世であって、この世ではない異空間なのだと思うのです。だからこそ、邪念を入れてはいけないと、塩をまき、綱を締めて、場を清めるのです。

大相撲を観に行った人は、わかりましょうが、どの場所でも、会場に入りますと、ほかのスポーツでは感じられない独特の雰囲気があります。

土俵は、ただ平面に円を描いたものではなく、大きな円い球体のなかで、体と体とをぶつけあっているのだと、私は感じているのです。その球を中心にした場所に入るから、相撲は身体の中心にはたらきかけてくる力が大きいのだと、思うのです。

「この中の能対治は、これすなわち菩提心なり」

菩提心とは、「満月の煌々と光輝く姿とよく似ているものだからと、」お大師さまは教えるのです。

満月の光が天空をあまねく照らすのは、何ものも区別しないこと。その境地こそ、とてつもなく珍しい宝にも比べるべき三摩地なのだ、つまりは瞑想によって得られる覚りの心なのです。
心の中に、まずは満月の光が天空に輝きわたっている夜空を思い浮かべながら、私の話を聞いてください。

「一切衆生は本有《ほんぬ》の
薩タなれども、
貪・瞋・痴の煩悩のめに
縛せらるるが故に、
諸仏の大悲、善巧智をもって
この甚深秘密瑜伽を説いて、
修行者をして内心の中に於て
日月輪を観ぜしむ」

いつも、申し上げている、「貪・瞋・痴」の三毒が仏の子である本当の自分を覆っていると、お大師さまは、ここで明快に説いているのです。
私たちはみな覚りを求める求道者であります。しかし、なかなか道を見つけることができないでいるのです。そんな人たちは、心の中に「日月輪」を思い浮かべなさい、そうすれば、もともと持っている菩提心がはっきりと見えてくるのだからと、お大師さまは教えています。

「満月円明の体は、即ち菩提心と相類せり」

心の本性は、ちょうど月輪の形をしていて菩提が完成すれば、それが満月の形と同じなのだというのです。

私たちは、うれしいときも、かなしいときも、天を仰ぎます。それは、本能ともいえる動作です。

天には、太陽があり、月があり、星があります。宇宙があります。私たちの生命の故郷があるのです。

私たちの身体は、頭があって、手足がのびていて、胴体があってと、思えば不思議な形をしています。私たちヒトだけではありません。この世に在る生きものは、みなみな、それぞれが固有の形をして、生きています。

どれも、自分たちの環境に合わせて、生き易いよう、子孫を残すのに適切な形になるように、進化してきたのです。

自然を見渡せば、山も川も生みも森も、みなそれぞれ違う形で、この地球を作り上げています。しかし、地球も太陽も月も星も、みんな丸い形をしています。

宇宙だけは、大きすぎてどのような形をしているのか、誰にもわかりません。円こそ、究極の生命の形であり、仏さまの形だと、お大師さまは私たちを導びきます。

「如意宝珠は自然道理の如来の分身」と、『御遺告』で説きました。

そして、真言宗を守り伝える柱となる東寺の座主は、この如意宝珠を護持すべきだと、言い遺しました。そして、この如意宝珠の作り方を細かく書きました。

しかし、これを散逸させてはならないと、秘法中の秘法としています。円には生命の力がこめられている。お大師さまは、そう教えているのだと、私は受け止めています。

宇宙と響きあいたいと願い、無心に祈る

私たちの行動は、放っておくと、自然に円くなります。角をきちんと決めることのほうが難しいのです。「四角い部屋を丸く掃き」などと、昔の人は言いました。意識しないと、まっすぐとまっすぐとをぶつけることはできません。

まっすぐに線を描いていると、どこかにぶつかります。しかし、描いたつもりで線をのばしますと、地球を一周してしまいます。それが、円なのです。

私は、新年会や、私の誕生会などのパーティで、最後に必ず出席者全員の手をつないで輪をつくります。知らない人と手を結ぶことに抵抗がある人も、すぐに打ち解けて輪ができます。

その輪に、私は幸せを祈る力をこめるのです。私の祈りのパワーは、手をつないでいる人たちの願いとともに輪をめぐって、また私のもとへ戻ってきます。それが、祈りの輪です。輪によって、一つの場が出来上がり、幸せのパワーが、その場にいる皆さんに平等に届くのです。

出家であろうと、在家であろうと、その基本的な心は同じです。なぜならば、祈りの対象である御仏は、誰の心にも在るからなのです。私ども行者は、在家の方々の祈りが届くようにと、心中の御仏と出会うための手助けをしている、といえるでしょう。

祈りとは、誰かにすがるものではなく、自分自身を磨くものなのです。

さまざまな障害はみな宇宙と我が心とのリズムがズレているときだと知れば、宇宙と響きあいたいと願い、私たちは無心に祈っているのです。密教がほかの顕教とちがうのは、根底に宇宙の仕組みに対する教えがあることです。

そのダイナミックな教えには、天地の調和が乱れたときに、どうしたら人々を救うことができるか、という教えがあるのです。

教えは、人から人へというものではなく、生命の根源、宇宙そのものである大日如来から代々受け継がれてきた真理を守ることでもあるのです。その緊張感が、密教を今日まで支えてきたのだと、私は感じます。

密教の教えを伝授するときは、いたいけな赤ん坊に両刃の剣を持たせるようなものだ、ともお大師さまは説きます。そうして、よくよく見極めて、大阿闍梨の位を授けるようにと遺されたのでした。

このような伝統ある大阿闍梨を授かった私は、お大師さまの戒めを終生忘れてはならないと、日々の祈りの心としています。

十

良い音を聞き、良い声を発する

音声文字こそが、教えを伝えることができる

「最福寺の護摩行に参加させていただいていると、お弟子さんたちが真言を唱える声の大きさにびっくりします」

そう言われることがしばしばあります。私の護摩行は、炎の高さだけでなく、火の勢いに負けないほどの大声で、真言を唱え続ける弟子たちの声が本堂や大仏殿に響くことで知られています。

二時間近い行の間、護摩炉の前で、弟子たちは渾身の力をこめて真言を唱えます。終われば、声がかすれて出ない状態になりますが、また、翌日には元気に壇上で声を張り上げます。

行の始まりと終わりには、「誓いの言葉」を、私に従って唱えますが、これもあらんかぎりの大声を張り上げます。

真言をとなえる声は、喉から出すものではなく、腹の底からといいますが、全身全霊から発するものでなければなりません。

「開口発声《かいくはっしょう》の真言、罪を滅し、挙手動足の印契、福を増す」

口を開いて声を発する真言は、罪を滅し、手を挙げ足を動かす印契は、幸福を増進する。

お大師さまは、『大日経開題』で、このように教えます。

そして、続けます。

「心の所起に、妙観自ら生じ、意の所趣に、等持すなわち成ず」

口を開き声を発する真言は罪を滅し、手を挙げ足を動かす印契は、幸福を増進する。心が動くところに、たとえようもないすぐれた観察がおのずから生じ、意のおもむくところには深い瞑想がたちまち成立する。

この一節、これこそが、真言密教を表し、悩む人たちに希望の光をもたらすものだと、私は信じて、少しくわしく述べておきたいのです。

大声で真言を唱え、印契を結ぶとき、じつは身体も動いています。行をする姿は不動のものでなければならないと、私の亡き母はきびしく教えました。おかげで、私はどれほど行が続いても、身体を動かすことはありません。

動いているのは、印契を結び、護摩木と祈願札を火に投じるときだけであります。しかし、見えない私の身体の内部は激しく動いているのです。脳細胞はもちろんですが、筋肉やすべての器官は全力疾走しています。

行とは、身口意がフル回転することであります。

「暗闇のなかを、そうとは知らずに歩いているものたちよ、ほんとうに明るい世界にたどりつく道を教えよう。音声文字こそが、その教えを伝えることができるのだ」と、お大師さまは『声字実相義』で教えました。

生命のアンテナをきれいに磨いて、ほんとうの文字を知りなさい。音声による御仏のメッセージを受け止めなさい、そうすれば神秘と出会える、自分の内にいて、いっしょに生きて下さっている御仏と出会えるよと、お大師さまは教えているのです。

現代の言葉では、声字をどうあらわせばよいのでしょうか。厳密な解釈によれば「音声文字」ということになります。しかし、それでも普通人の「衆生」たちにはわかりにくいことでしょう。

音を形にしたもの。そんな表現が声字に近いイメージだろうか、と私は思います。

鏡の音は御仏のメッセージそのもの

音は響き、リズムです。

その響きは、私たちに元気を与えたり、癒したり、ものを創る力となったりします。あるいは記憶と深くむすびついて、さまざまな現象をみせてくれます。

たとえば鐘の音の響きに、耳を傾けてみてはいかがでしょうか。

「柿くへば鐘が鳴るなり法隆寺」

あまりに有名な、正岡子規の俳句です。詳しい解釈はわかりませんが、俳人ではない私にも、短い言葉を読んだだけで、秋の日の情景が目の前に広がります。

色づいた柿を、茶店の縁台で食べている客の耳に、ゴォーンと法隆寺の鐘の音が聞こえてきます。

澄んだ秋空も、そろそろ日が落ちる時刻でしょうか。雁が空を飛んでいるかもしれません、カラスが鳴いているかもしれません、いずれにしても遊んでいた子供が急に駆けだして家に帰りはじめます。

柿を食べているのは、旅人でしょうか。静かな気持ちで、そんな情景をながめている、その背景に法隆寺の五重の塔が秋空に高くそびえています。

柿くう心は「無」でありましょう。

無心が映し出す情景の透明感は、読む者に宇宙の果てまで広がる天空をイメージさせてくれるのです。私の耳には、あくまで高い秋空に響きわたる鐘の音が聞こえてきます。

これは、私の心の風景です。この俳句を読んで、人それぞれに情景が浮かぶことでしょう。それは、あなたが人生のなかで描いてきた風景です。

この俳句から御仏の文字を読み取るとき、私たちは一瞬のうちに目をこらし、耳を済ませ、考えているのです。

御仏のメッセージを受け取ると、私たちの脳細胞にしまい込まれた、さまざまな情報が動きだして、クロスワードパズルのように組み合わせられて、新しいイメージが浮かんでくるのです。

正岡子規の耳が、ゴォーンと響く法隆寺の鐘の音を聞いて、これを御仏の文字として読み取ったのだと、私は思います。

読む人の感覚が豊かであればあるほど、風景の描写は豊かになります。心が透明であればあるほどに、再現力も高まります。

鐘の音は、私たちにとっては御仏のメッセージそのものです。

高野山をはじめ、寺々はみな朝暮の勤行にはかならず三通三下の鐘を鳴らしてきましたが、それは人々に聞かせるためではなく、三界の冥衆に仏陀大悲の声を聞かせるためだ、といわれてきました。

「生々に如来の梵響を吐き、世々に衆生の苦しみの声を脱せん」

と、お大師さまは祈られました。

フィリピンに響く慰霊の心

古来より、梵鐘の妙なる音が響きわたるところは町や村が栄えるけれど、破れ鐘の響くところは不詳が続くとも伝えられます。

朝に夕なに祈りながら打ち鳴らす鐘の音は七里四方の空気を清めます。そこに住む人々や、訪れてきた人たちの心を洗い、如来の教えの言葉である「響き」を伝えます。

鐘の音が響くのは、日本ばかりではありません。ヨーロッパでは小さな町や村にも、教会の鐘が朝夕に響いて、人々の暮らしを刻みます。あるいは四国巡礼は鈴を鳴らします。日本の神道も鈴によって清めます。

鐘の音は、人々の苦しみを取り除き、安らぎを与えるものなのです。響きを伝える音が人々の心を癒す力をもっているのです。

「祇園精舎の鐘の声、諸行無常の響きあり、沙羅双樹の花の色、盛者必衰の理を顕す」あまりに有名な、平家物語の始まりです。鐘の音は、ただ心を静めるばかりではなく御仏の世界からのメッセージを伝えるものですから、これをききますと、まさに「仏心」を呼び覚まされるのです。

しかし、ただ鐘をつけばいいのか、といえば、「心を込めて」ついてほしいと思うのです。暮れになりますと、除夜の鐘が全国の寺々で響きます。百八の煩悩を消すために、ゴォーン、ゴォーンと八方に響きわたる鐘の音を聞いているうちに、新年を迎える清々しい心になるのです。

私の故郷、鹿児島県薩摩半島にそびえる開聞岳の麓に、比島戦没者慰霊の地があります。フィリピンは、第二次大戦において、日本軍と米軍の激戦地となりました。

私は、毎年九月に、フィリピンのマバラカット市に赴き、日本軍特攻の戦死者慰霊を続けています。日本軍だけでなく、現地のフィリピン人、米軍の戦争犠牲者たちもともに慰霊してきました。平成二十四年には、市制を敷いたばかりのマバラカット市から名誉市民第一号を贈られる栄誉に浴しました。

フィリピン全土には、膨大な戦争犠牲者がいます。日本人だけでも二十万を超える死者がいますが、兵士の多くは山中を逃げまどった末に餓死したり病死したりしました。戦前からフィリピンには多くの日本市民が暮らしていましたが、その人たちも犠牲になりました。悲惨な戦いだったのです。

開聞町の慰霊場には、そのすべての戦没者を祀っています。兵士の銅像の横には子供を抱いた母親の銅像もあります。朝鮮半島出身者の慰霊碑もあります。みな東シナ海の彼方にあるフィリピンの方角を向いています。

そこに、鐘撞堂があって、誰でも撞くことができます。ゴォーンと鳴る響きが、はるかフィリピンの地に届く思いがすると、ここを訪れた人は言います。

音に、響きに慰霊の心が込められているのです。きっと、亡くなった方々に届いているはずだと、私は信じています。鐘の音を届けたいと願う気持ちに霊を癒す音が文字として刻まれるのです。

真言とは光に包まれた言葉、光そのもの

「般若心経の一字あるいは一つの文章は、仏さまの世界いっぱいに満ちています。それはいつ終わるともなくいつ始まるともない、くりかえしつづいていく自分の心のはたらきなのです。

真実を見る目がくもっている人は、見ることはできませんが、文殊菩薩と般若菩薩は人々の迷いを絶つことができます。

両菩薩は、真実の教えという甘露を注いで迷う人をうるおし清めて下さいます。闇を断ち切って、煩悩の魔軍を打ち破ろうではありませんか」

お大師さまは、般若心経の解説を、こんな言葉で結びました。

般若心経の「一字一文」が、仏さまの世界に満ち満ちているというのです。その仏さまの世界は、遠いところにあるのではなくて、私たちの心のなかにずっと生き続け、さまざまなはたらきをしている、というのです。言葉に秘められたパワーがあるという、言霊《ことだま》の発想がここにある、と私は思っています。

真言とは、言葉の意味だけでなくその音がほんとうの世界を知るためのカギなのだと、お大師さまは教えているのです。

「陀羅尼とは仏、光を放つ、光の中に説く所なり」

陀羅尼、つまり真言とは光に包まれた言葉、光そのものと言ってもよいでしょう。それで陀羅尼を持明ともいうのだと、お大師さまはいっておられます。

陀羅尼という、良い響きを持った言葉は光を放つほど強いパワーを持っているというのです。

お大師さまの教えは、なんとよい言葉のひびきでしょうか。私はこの言葉がほんとうのことだということを、行によって知っています。真言を唱えておりますと、ほんとうに光に包まれているような気持ちになってくるのです。

とても心がやすらかになって、温かいものが身体のうちをめぐっていくのがわかります。

行は、とてもきびしいものですが、苦しいところを過ぎますと、このような安定した気持ちになるのです。これは行だけにかぎりません。

スポーツをしている人はわかると思いますが、たとえばジョギングで「ランニング・ハイ」というのでしょうか、走り込んでいくうちに、とても気分がよくなっていくときがきました。

勉強もそうですし、音楽の演奏も絵を書くのも、集中しきっているとき、私たちはとても気分がよくなります。

行は苦しいものですが、苦しいだけではありませんし、また苦しみを目的にした行をするのは間違っています。

苦しめば苦しむほど、結果がよくなるのではなく、集中していくプロセスとして苦しい状態が一時的にある、と思ってほしいのです。

苦しみを求める行は間違っている

お釈迦さまは長いあいだ、山のなかで続けていた苦しい行をはなれて、清らかな川で身体を洗って、美味しい粥をいただいてさとりにいたる瞑想に入りました。

お釈迦さまが知ったのは、行をすることが間違っているのではなく、苦しみを求める行は間違っている、ということでした。

マラソンも水泳もゴールを目指しているときは、苦しいものです。しかし、苦しさを求めて走っているのではありません。苦しみが多いからいい成果が得られるのではありません。

苦しみは、乗り越えるためにあるだけなのです。トレーニングを積めば、はじめは苦しいと思ったことが次第に楽にできるようになります。

楽にできたら、次の段階にすすめます。次のステップは、また乗り越える苦しみが待っているでしょうがしかし、これもマスターすれば楽になりますね。

苦しみを求めるためにトレーニングをしているのでは、いつまでたっても次の段階にすすめません。同じ苦しみを繰り返すだけにすぎないのです。

レースに勝つこと、自分に勝つこと、勝利を喜びたいと走っているのです。その喜びを誰かと分かち合いたい、応援してくれている人、指導してくれた人、支えてくれた人と分かち合って、私たちは満たされます。

しかし、走っているときは、無我夢中になります。走ることに集中しているはずですね。それが、さわやかな勝利につながります。

人間は集中すると、思いがけないほどのパワーが生まれます。こんなことできるかなと思っていたことも、実現します。

脳細胞のはたらきと関係しているとされますが、陀羅尼をとなえるのは集中している状態になることだと思います。

何かに悩んだり、迷ったりしていると、私たちの身体のエネルギーが不完全燃焼をおこしてしまいます。

この頃は家庭に直火がありませんから、この不完全燃焼の状態がよくわからないかもしれません。キャンプへ行ったり、たき火をしたとき、たとえば薪がしめっていてよく燃えないことがあります。

煙ばかりがもうもうとたちこめて、炎があがりません。薪は燃えているところと燃えないところがあって、燃えかすがたくさん出ます。室内で火がうまく燃えないと、天井にススがついてしまいます。

私たちの身体は体内のエネルギーが燃えることによって動いているのですから、エネルギーがよく燃えるほうがよいのです。

苦しんだままの心、憎しみや悲しみ、うらみなどの気持ちは、ちょうど薪がしめったように体内のエネルギーをしめらせてしまうので、なかなか勢いよく燃えないのだと、私は思っています。

脳内ホルモンなどのはたらきをみると、このようなしめった気持ちは、免疫系のはたらきを低くしてしまうといわれます。

現代の医学で解明したことが、古代からの教えと同じことに驚きます。

自分が投げかけたものは必ず自分に帰してくる

「是大神咒《ぜだいじんしゅ》　是大明咒《ぜだいみょうしゅ》　是無上咒《ぜむじょうしゅ》　是無等等咒《ぜむとうどうしゅ》　能除一切苦《のうじょいっさいく》　真実不虚故《しんじつふこ》　説般若波羅蜜多咒《せつはんにゃはらみったしゅ》」

般若心経の最後に唱えるこの咒《しゅ》（呪）は、唱えることによって、私たちを苦しめているあらゆるものを取り除いて下さる尊いものである、というわけです。

般若心経そのものが、偉大な陀羅尼です。素直な気持ちでこの大陀羅尼を唱えますと、仏さまの世界に感応できますよ、と教えて下さるのです。

まさに、『大日経開題』に説く真言を声を出して唱える功徳であります。

「貧女が穢庭に忽ち如意幡を建て、無明の暗室に乍《たちま》ちに日月の燈を懸かぐ」

「貧しい女の汚れた庭に、物事がおもうようになる旗印をたちまち建て、根本の迷いの暗闇の部屋にただちに太陽と月の燈明を掲げる。苦しめられてきた悪魔の軍隊は降伏し、悪賢くて人を損なう誘惑者は仲間を引き連れて従う」

苦しみの果てに得るのではない、全身で真言を唱えれば得られる光の世界であります。悪魔は降伏し、油断のならない誘惑者はおとなしくなる。

ここそ、安心の世界であります。真言を唱えて得られる光の世界は、誰もが得ることのできるものなのです。

もともと、陀羅尼とは古代インドにおいてはバラモンが多く用いていました。おとぎ話に出てくる魔法使いの呪文は、この流れでしょう。

この古代インドの陀羅尼は、他人を呪ったり、自分にふりかかる災難を払うためのものであり、お釈迦さまによって禁じられたために仏教では広く教えられることはなかったのでありました。

お釈迦さまが、あるとき罵詈雑言を浴びたそうです。お釈迦さまは静かにその者におっしゃいました。

「私は、お前の言葉をいただくつもりはないから、そっくりお前に返してあげよう」

これは、言葉を大事にしなさい、「愛語」の教えでありますが、さらには自分が投げかけたものは必ず自分にかえってくるという教えであろうと思います。

お釈迦さまだから、他人が浴びせた罵詈雑言に心迷うことなく、そのまま本人に返しましたが、凡人はどうでありましょう。ついつい受け取ってしまっておまけをつけて返してしまいます。

一つの悪意を受け取ってしまえば、二つにして返したくなります。いずれにしても、送った気持ちはかならずや自分のところへ戻ってくるのですから、もう往復で悪意は倍に膨らみます。

これをやりとりしているうちに悪意は再現なく大きくなってしまって、結局は自分も相手もさらには人間社会を汚していってしまうのです。

真剣な気持ちで唱えると思いもかけないパワーが生じる「呪」

呪文といいますと、どうしても悪い意味を連想する人もいましょうが、般若心経で言われる呪は、陀羅尼であり真言なので、他人を呪うためのものではありません。

呪とは、口に祝を併せた意味を表す漢字です。「神霊の力によりて己の願を達せんと願うことにて、主に怨ある人に災難を降し、或いは己にかかる厄災をはらう」（大字典）とあります。

文字のお話をもう少しいたしましょう。

呪のもとになっている「祝」について、この文字はたいへん面白いな、と私は思っています。もともとは、神に仕え、祝詞を上げて神を喜ばす人、という意味です。

神さまを表す「示」と、口と、人を表す儿とを合わせて作られた文字なのです。

密教でいう「身口意」とは、人間の行為が身体で動き、口で話し、心で考えるという三つの要素で成り立っているという意味です。そして、宇宙の営み、つまりは仏さまのはたらきもまた身体・言葉・心の三つのはたらきによって成り立っているのです。

この三つの要素は、私は生きとし生けるもの、つまりはあらゆる存在の基本をものがたっているのだと思っています。天と地と人という三つの要素になぞらえてみれば、天は意思、地は身体、人は口となりましょう。

天が示した道を素直な気持ちで受け入れることが「口」、それによってほんとうの人になるのだよという意味が、「祝」の文字に込められているように思います。

人間は、天があり地があって、初めて人として存在します。人間は自然のなかで生きているのです。神という考え方を自然と考えてみますと、よくわかります。自然が喜ばないようなことをしていたのでは、人間は結局生きるパワーを失っていく、という教えがここにあるような気がします。

どれほど自然からはなれて、現代の便利な生活をしていても、たべものは大地に生えたものや生き物です。コンクリートに囲まれた生活をしていれば疲れがたまります。「呪」は、短い言葉にエッセンスが凝縮しています。真剣な気持ちで唱えますと、そこに込められている宇宙のリズムの結晶ともいうべきはたらきに、私たちの内部のリズムが共鳴して、思いもかけないパワーが生じるのです。

「呪」が、呪うという意味にも使われたのはこのパワーと無関係ではありません。宇宙の生命エネルギーには、厄災を払い病気に打ち勝つパワーがあります。このパワーを使えば排除したい人や物事を倒すことも出来るわけです。

しかし、大宇宙の真理とは、本当によくできております。自分で蒔いた種は自分で刈り取らねばなりません。

「人を呪わば穴二つ」ということわざがあります。悪意をもって宇宙のパワーを使おうとすれば、そのパワーはかならず自分の身にかえってくるのです。だからこそ、お大師さまは真言密教の教理を確立されたときに、呪詛というものを排除したのです。

「国家の危急存亡のときなど以外、この法だけは絶対に使ってはならぬ」

じつは、私の行には真言密教だけではなく修験道の行も混じっております。それと申しますのも、私の生家が五百年余りも続いた行者の家系でして、鹿児島に古くから伝わる修験道のさまざまな教えを代々口伝してきたのでした。

修験道の行は荒々しいものです。まずは行場が霊山絶壁、野外、自然のなかで自らの限界に挑戦する激しいものなのです。

私は、真言密教と修験道の行とで一番の違いは呪詛の要素であると思います。修験道の行にはこれがたいへん多く、力ある行者に呪詛をかけられたらまずは助かりません。かけられた相手は、亡くなるか廃人になってしまうほど、その効力は大きいとされました。

私が生まれ育ちました鹿児島は、昔からそうした呪い合いがすさまじいと伝えられてきた土地です。藩主島津家のお家騒動をめぐっても、そうした呪詛をめぐる言い伝えが残っているほどです。

伝え聞くところでは、私の先祖たちも呪詛の力がたいへんあったそうですが、はっきりとした記録はありません。私が父から口伝によってその秘法を教えられたのは、高校生のときでした。最高の秘法ですが、決して口外は出来ません。

「この法だけは絶対に使ってはならぬ。国家の危急存亡のときか、人類の危機とか、ほんとうに必要なとき以外は使わないこと。この法だけはお前のなかにしまっておき、しかるべき弟子ができたら口伝で伝授せよ。記録は一切のこしてはいけない」

秘法を授けた父は厳しく私に申し渡しました。人間には自然と霊力を身に付けてしまう人もおり、そんな人たちがこの秘法を悪用したら、たちどころに災いが広がります。

呪詛をすれば必ず自分にはねかえりますし、自分にかからなければ子孫に返ってくるのです。私の先祖で呪詛を行った者たちも、ある時期がくると穴を掘り、子孫にたたりがかからないように仏さまに祈願し、経文を唱え鈴を振りながら静かに穴に入っていったと、語り伝えられています。

呪詛の秘法を知ったということで、私の行がいっそう強いのではないか、とも思いますが、これを知っているのといないのとでは、じつはまたたいへんに違います。

誰かが呪詛をかけられている、そのことを知り、その呪詛を解くためにはかけられた方法を知らなければ出来ないのです。それこそは強い意志によって、これを守っていかねばなりません。

ちょうど、原子力が人類を滅ぼす悪魔ともなり、一方で人類に豊さをもたらす救いの神ともされるのと同じようなものです。強力であればあるほど、これを悪用しないために、自分自身の霊の修行が大切であります。

私は、お大師さまはこの呪詛についてもご存知だったにちがいないと思っています。ご存知であったからこそ、それが独り歩きしてしまったときの災禍の大きさもおわかりであったろうし、また呪詛をかけた者にかえってくる報いの大きさも知っておられたのだろうと思います。

「一心」こそが人間本来のよりどころ

私は、この世から悪意というものを無くしていきたいと、いつも願っています。

しかし、地球を見渡しますと、なかなかに消滅していませんね。人間の心にうまれる悪意が凝り固まって憎悪となり敵意となって見えない心の内のはたらきが、やがて戦争という見える形となって、身のうちもそとも滅ぼしてしまうのは、とても悲しいことです。

私が続けている平和祈願とは、そうした一人ひとりの心にポツンと生まれ、無意識のうちにやったりとったりしながら大きくなってしまう憎しみや悪意の種を消してしまおうという祈りです。

大地に残る憎しみの霊が、その土地で生きる人やゆかりの人に憎しみの種を蒔いてしまうのであります。

霊になってなお、自分で蒔いた煩悩によって苦しんでいる者たちに成仏してもらうこと、それが人々の心から憎悪の炎を消していくことになるのです。

「真言は不思議なり、
観誦すれば無明を除かる。
一字に千里を含み、
即身に法如を證す。
行き行きて円寂に至り、
去り去りて原初に入る。
三界は客舎の如し、
一心と是れ本居なり」

真言というものは不思議なもの、ふつうの考えを超えたものです。

この真言を深く心の中で観てとなえれば、苦しみの元になっている迷いの闇が取り払われます。

一つの文字にとてもたくさんの深い教えがふくまれていて、それぞれの人が自分のあるがままの状態で、仏さまの智慧と真実とをたしかに受け止めたことを知るのです。前へ前へと歩いて行って、完全に満たされた静かな境地に行きつきます。

また、去っていくと、覚りへの出発点に行きつくのです。

いのちがどんなものなのかを知らない、無知の闇におおわれている人にとって、この世は仮の宿のようなものです。

しかし、ふつうの人である私たちの誰にもそなわっている「一心」こそが、人間の本来のよりどころです。

お大師さまの言葉を翻訳すると、このような意味になります。

「一心」の明かりをたよりに、前へ前と歩きなさい、そうすればかなさず出口が見つかります。出口がみつかったら、今度はまちがって闇の世界に戻ってしまわないように、生まれたばかりのような無心の気持ちにかえって、歩きだしなさい。

心を込めて声を発することは、心を込めて耳を傾けること

アクシデントにであったときは、まず深呼吸して、気持ちをしずめると、パニックにおちいらずにすみます。気持ちがおちつくと、とつぜんの災難にあっても、危険をさけるこ

とができるのです。

あぁ、自分はいま闇のなかにいる、そう思ったら、深呼吸をして般若心経を大きな声でとなえましょう。心がしずまってきて、出口への道案内をしてくれる明かりを見つけることができるでしょう。

真言を一心にとなえるとき、私たちは集中力をはっきりしています。その集中力によって潜在意識にねむっている情報がとりだされ、知らず知らずのうちに、私たちを安全な場所に案内してくれるのです。

不安にかられてさまざまな憶測をしてしまうと、意識が混乱してかえってまちがった情報をアウトプットしてしまうのです。

そうして、かすかな明かりを見つけたら、心を落ちつけたまま、前へすすんでいきましょう。明かりがニセモノだとか、お経がそんな効果をもたらすはずはない、と思っていると、ほんとうの明かりはなかなか見つかりません。

どうぞ、仏さまのような気持ちで明かりを信じ、人を信じて、前にすすむ勇気を出してください。そうして、トンネルの出口に出ますとき、気をつけないと急に明るくなって、目がくらんでしまいます。気をつけて目を明けると、そこはお日さまのもと、さまざまな景色が広がっているでしょう。

心をこめて声を発するということは、じつは心をこめて耳を傾けることにもなります。毎日、私たちはさまざまな音や声を聞いています。さまざまな音を聞き分けていく時、できるだけ良い音、良い声を聞くように心がけていきますと、私たちの内なる御仏の世界に感応します。

日々の初めを振り返ってみましょう。「おはよう！」と、家族や周囲の人たちに挨拶をしていますか。

にっこり笑い、声を出してあいさつする。これが身口意の三密のはじまりだと、私は思っています。

声を発して情報を伝えるのは、人間ばかりではありませんが、人間は声帯が発達したので、これほど複雑な音の組み合わせをもつことができるようになりました。しかし、ほかの生きものも、もしかしたら人間以上に密接なコミュニケーションを取り合っているのかもしれません。

生きとし生けるものは、みな声を出して、幸せへの道を歩いているのだと、私は信じています。

十一

煩悩の数だけ覚りが得られる

用い方によってプラスになったりマイナスになったりする薬

現代の大きな問題の一つが薬です。

最近の日本ではインターネットで薬を買うことができるようになりました。このことは、功罪あいまって論議がいまも続いています。

薬は毒、毒は薬であります。

抗生物質のペニシリンは、カビから発見されました。特効薬として長年にわたって重用されてきましたが、体質によってはショックで死に至る人も出ています。

さて、『大日経開題』で、お大師さまは薬について、このように語っています。

「これ迷う者は、薬をもちて命を夭《ほろぼ》し、これを達するものは薬によりて仙を得《う》。」

「これ」というのは、心の宮殿に入るための秘密の記号とでもいいましょうか。宝がいっぱいつまった宮殿に至るためには、教えの浅いところから、深いところへ至る理解が必要です。

これを時間軸、縦のものとしますと、横の軸は空間であり、ここにある智慧はすべて優劣のない平等のものだと、お大師さまは教えます。

少しわかりにくいかと思いますが、そのあとの「薬」についての記述に、私は惹かれます。

心の持ち方を正していかないと薬によって命を無くし、教えを熟知してこれに従って生きて行けば、薬によって長寿を得るというのです。

健康についての教えかと思いますが、前半が心について説いているので、私は「心の健康」についての教えでもあろうかと思っています。心の健康に必要な薬とはなにか。それが真言でありましょう。

たとえば、『般若心経』を、ただ教えを説く経典だと思って、黙読し、あるいは僧侶が唱えるのを聴いているだけでは、これは「浅い教え」ととどまりますが、この経典を長い真言として、仏さまに届く響きとして祈りますと、つまりは声高らかに唱えますれば、必ず真言の功徳を得ることができます。

これが、深い教えであります。最初は、経典として読んでいるうちに、いつしか声をあげて唱えるようになると、その功徳を実感することができるようになりますが、これを時間の経緯として考えることを「縦軸」と、お大師さまは教えたのであります。

同じ『般若心経』という薬でも、受け止めかた、用い方によって、効能が正反対にもなるという教えであります。

薬とは、そのものが変化するのではなく、用いる者の用い方によって、プラス作用となったり、マイナスとなったりするという教えであります。

「薬を与えて」祈って看病した三蔵法師

さて、玄奘・三蔵法師がインドから持ち帰って翻訳した経典の代表が『般若心経』です。宝の御経と呼ばれて、今日にいたるまで広く人々の幸せを導いている尊い経典です。お大師さまは、『般若心経』とはただ教えが書かれているのではない、大いなる仏さまのパワーが秘められているのだと説いています。

この経典こそ、声を出して読み、あるいは写経することによって、利益を得ることが出来るのです。

このお経についての、不思議なお話です。三蔵法師が『般若心経』を手に入れたのは法を求めてインドへ向かった苦難の道すがらだったと、伝えられます。

広大なタクラマカン砂漠では正規のルートをはずれ、道に迷ってしまいました。玄奘三蔵は、四日間、水も飲まずに馬とともに砂漠を流離いました。

ようやく天から聞こえる仏さまの声と愛馬に導かれてオアシスにたどりつき、一命をとりとめたと、『慈恩記』は語ります。

法師がただ一人でケヒン国に入ったときのことでした。そこには大きな川が流れていて橋もありません。法師が途方に暮れておりますと、川上から屋根板が一枚流れてきました。「オヤ、川上には人が住んでるのか」と、法師は嬉しく思って、川に沿って上流へと歩きはじめました。とうとう山のなかに入ってしまい、しばらく行くと荒れはてた寺がポツンと建っているではありませんか。

思わず駆け寄って、なかに入ったところが、奥のほうで人のうなり声が聞こえます。不審に思って声をかけましたところが、らい病（ハンセン病）に罹った年老いた僧侶が苦しんでいたのです。

玄奘三蔵は、恐れずにしばらくその寺にとどまって老僧を看病することにしました。持っていた薬を飲ませ、祈祷をしながら心を込めてお世話したところ、不思議にも病気が全快したのです。

安心した法師は、またインドへ向かって旅に出ようと、老僧に別れをつげると、老僧は懐中から取り出して、梵語で書かれた『般若心経』の原本を贈りました。

インドに到着した法師は、突然に大勢のインド人につかまって、縛りあげられてしまいました。バラモン教の毎年恒例のお祭りにガンジス河に生贄として捧げる習慣があり、犠牲に選ばれてしまったのです。

最後に経を読みたいと願って許され、法師は老僧からもらった『般若心経』を、声高らかに三度繰り返し唱えたのでした。

すると一天にわかにかき曇って、急に大風が起こり、竜巻が起こり、見ていたインド人たちは、神の怒りにふれると恐れて、法師の縄を解いて、深く謝罪したのでした。

現代では荒唐無稽なお伽話ですが、私が注目しているのは、ライ病の老人の看病に、三蔵法師は「薬を与えて」祈って看病したとあるところです。

『般若心経』の功徳を伝える霊験記でありながら、「薬」は病気の治療には絶対に必要なものであったと、古代の人々は認識していたのだと、あらためて確認されるところであります。

お大師さまは薬について、たくさんお言葉をのこしています。比喩に使うもの、そのものずばり薬について説くものとありますが、いずれも「薬は毒でもある」という真理に基づいています。

お大師さまは、青年時代に深山幽谷に分け入って修行を重ねました。おそらくは、この時期に薬についての知識も得たのではないかと、私は考えています。のち、唐に行ってきてから、鉱山についても詳しくなったようですが、これもまた青年期の修行時代に得た知識を深めたものではないでしょうか。

いずれにしても、医術とりわけ薬については、生老病死の苦を救う手立てとして重要視していたのであります。

目の前に薬があっても飲まなければ無いものと同じ

人類はいつから薬を用いて病を癒すようになったのでしょうか。おそらくは、人が人になる以前からの知恵を積み重ねてきたのでありましょう。

ボノボという類人猿がいます。おだやかな性格で、森に生息していますが、彼らと森の中で共生している人間が言うのには、「森の食べ物は皆ボノボに教えられた」そうです。何が食べられて、何が毒なのか、ボノボは知っています。そうして、毒から身を守ってきたのだというのです。

同じように、サルの時代からヒトは食べるものの良し悪しを見分けてきたはずです。そして、毒のなかには病いや怪我によく効くものがあることも知ったのであります。その知識を得た陰には、毒によっていのちを落とした者もたくさんいたことでしょう。

その犠牲によって、私たちは大いなる恩恵を受けています。先祖を大切に思う心に、こうした遠い先人たちが遺してくれた恩恵への感謝も忘れずに持っていたいものであります。

さて、お大師さまの、薬をめぐる教えをひもといてみましょう。

「妙薬　篋《はこ》にみつれども、嘗めざれば益なし
珍衣　櫃《ひつ》にみつれども、著《き》ざれば則ち寒し」（『続性霊集4』）

どれほど効き目がある薬でも、口にしなければ効き目はない。どれほど珍重される衣服でも、着なければ寒い。

どんな効果のあるものでも、これを服用しなければ役にたちません。宝くじも買わなければ当たらないのです。

これは、天台宗を日本で開いた伝教大師最澄和上への手紙にあります。ともに唐への留学生として海を渡った人物であります。『理趣経』を貸してほしいという要望に対しての返答文のなかにある言葉です。

理趣とは何か、理解してほしいとして、これを拒否したのです。実践せずに経典を読むだけでは、密教の真理はわからないとするものです。

まさに、目の前の箱に薬がたくさんあっても、これを手にとって飲まなければ、無いものと同じ、密教の教えも実際に行をして身口意で会得しなければ、どれほど知識を積んでも何も知らないのと同じことであります。

行によって得た御仏の力を、苦しむ人たちに分かち、救うのが、加持です。

「言って行ぜざれば、信修するが如くなれども、信修と為《す》るに足らず」

お大師さまは、この手紙に書きました。言葉だけで行をしなければ信修ではない、行こそ密教の根幹であると説いています。

印を組み、真言を唱え、ご本尊を念じる身口意に行の真髄があり、そこで得た「同悲」の心、仏の力をいただいた充足感、これを分かち合って人々を救うのが加持の本来の在り方です。

行とは苦しみを超えて得る大いなる歓喜の世界であり、行によって得た仏性を、多くの人々のために分かち合って安心への道を開いていくのが、お大師の教えです。

祈りは厄災から身を守る最大の武器

加持は、究極の「衆生救済」であろうと思っています。行者が「即身成仏」することによって、仏さまと一体に成り、その生命力を「加」とし、これを受けるものが「持」するのです。

それだけに、行者は日頃からきびしく身を律して行に励まねばなりません。

私の寺の護摩行は大変厳しいものと知られています。ご本尊の前にしつらえた大きな護摩壇で三メートルを超える火炎のすぐ前に座し、およそ二時間にわたって真言を唱えつづけます。一瞬でも気をゆるめれば火傷をしかねませんが、行で心を鍛え集中力を高めることによって、心願成就できることを体験として知るのです。

八千枚護摩行を始めた頃、私は毎月のように修していました。四回目だったでしょうか、結願の日に、あまりに火の勢いが強く、その熱さに一瞬、気を失いました。

そのとき、かたわらにいた母は、あわてず騒がず、「苦しかったらここで死ね。行場が行者の死に場所だ」と言いました。母が言ったこの言葉は、いまも私の脳裏にしっかりと刻み込まれています。

宗教は心の領域で、見えません。人間は弱い精神をもっていると、どうしても甘言に乗せられて、振り回されてしまうのです。ニセモノを、どうやって見分けるのか。

さまざまなチェックが必要ですが、なにより一人ひとりの心の眼を養うことこそ、災難を避ける最良の方法です。

祈りは、願いを叶えるだけでなく、厄災から身を守る最大の「武器」でもあります。

行者はいつも死を覚悟しながら祈って、加持を受ける信者さんを守ります。そのことを知っていただくだけで、騙されたり、迷わされたりしなくなりましょう。

私の寺では鹿児島でも江の島でも、護摩行のときには信者さんも共に全身全霊で祈ります。最後に願いを書いた護摩木を、自分の手で炎に投げ入れます。

声を張り上げて、二時間も真言を唱え、般若心経を唱えるのは、並大抵の覚悟ではできません。

しかし、それでも何度もお参りされる心こそ、ご自分で感得した「法悦」を知ったからだと思っています。

行者は行という使命を全力で果たします。それぞれの人がそれぞれの使命に全力で尽くすことこそ、祈りの原点なのです。

行は、生命の再生なのだ、と思います。

行によって、絞っても絞っても吹き出る汗は、この世に生きる苦しみや辛さを身体から運び出してくれます。その汗は、吹き出たとたんにお不動さまの灼熱の炎で気化してしまいます。苦しみと汗とが、体内の「死」を昇華してくれます。

行者は、厳しい行によって瞬間ごとにくりかえされる「死」と「生」の再生を体験します。すべての細胞のはたらきが停止したかと思う「死」の瞬間、しかし無我のなかで仏さまと一体になる歓喜が押し寄せます。

本来の救済は加持という究極の「事」にある

真言密教の僧侶であることは、「事」を究める使命があると、私は考えています。「理」が大切であることは、当然のことでありますが、「事」を忘れた「理」は、力の足りない法となりましょう。

お大師さまが高野山を開かれた初心にかえって、宗派をあげて「事」への探求を深めてほしいと、私はいま切望しています。

若い人ばかりではなく、高位に上った先輩僧の各位にも、僭越ながらお願いしたいと願っています。

金剛峰寺で、日々のお加持をもっと日々していただく手立てはないものか。そうすれば、参詣者はもっともっと増えましょう。観光やお詣りだけでなく、苦しむ人々を救う手立てをもっともっと考えていただきたいのです。儀式や法話だけでない本来の救済は、加持という究極の「事」にあります。

不可思議なものへの正しい畏怖は、そこから生まれてきます。お大師さまが『大日経』の教えを求めて唐に渡ったのも、室戸岬で金星が口のなかに飛び込んできたという神秘体験に始まるのです。

『大日経』という、真言密教の経典に出会ったお大師さまは、「これだ！」と長年の疑問を解きました。そして、この教えを求めて、留学生として、唐の都、長安に行きました。

お大師さまは、この地でよき師と出会って、短い間に密教の正統、つまり正しい後継者として教えを受け継いで日本に帰り、真言宗を開きました。

当時の唐帝国は、世界国家といってよい強大国でした。お大師さまは、密教の教えだけでなく、言語から暦、文化や建築、鉱学などあらゆる分野を学んで、これらを日本に持ち帰りました。

医薬についても、当然ながら学んで帰ったようです。日本に帰りましてから、密教を日本に根付かせるだけでなく、故郷の溜池の大規模な改築を先端技術を使って成功させ、日本で初めて庶民の私立学校を創ったりした「マルチ人間」でした。

密教というのは、お釈迦さまの教えを中心とした原始仏教にアジア古来の文明を加えた大乗仏教です。私たちの生命は大日如来から分けていただいているもので、大日如来は宇宙そのものだという教えの基本があります。

お大師さまは、遠い古代からの智慧の集積を密教という真理によって学んできたのでありました。

不可思議なことは、現代にも起こります。最近、私が行をしているときに、信者の一人が携帯電話で写真を撮りました。特別の行ではなく、私が鹿児島の寺で毎日修している行の最中のことであります。

私の寺では、行をしているときに写真を撮影することは禁じておりませんので、信者たちはしばしば行の場面を撮影しているようであります。出来上がった写真を見て驚いたこの信者が、私に写真を届けてきました。

私の背中に、手が映っていました。それだけでなく、私の後ろ姿の向こうに写っていなければならない護摩炉の炎が、私の背中にあるのです。

なんとも説明がつかない写真です。また、新年会などで私が挨拶をしているときの写真に、大きな光が私を中心に渦巻いている写真もいくつもあります。これも、説明できませんが、たしかに写真に写し出されているのです。

理だけでは説明できない大きな大きな世界、曼荼羅を心身識で理解することによって、即身成仏に至ることができるのであります。さて、薬に戻りましょう。

心の病を癒したら身体が被った傷は医薬で回復させる

かつて、お大師さまが仏さまの領域においた病気のなかには、遺伝子治療などによって医療の領域で治療ができるようになったものもあるかもしれません。

笑う門には福来る。そんなことわざがありますが、つい最近まで笑うことが免疫力を高める働きをもつなど、誰が説明できたでしょうか。

メスと薬だけが病気を治すものではない、東洋医学しかり、また「心」のはたらきが、じつは身体のはたらきと密接に関係しているということが、最先端の医学で実証されてきています。

仏教は、お釈迦様が覚りを開いて始まった教えです。覚りとはなにかといえば、生老病死を受け入れることでありました。生命とはみな生まれて死んでいくものであり、その間に老いたり、病んだりするのです。

この四つが、生きるうえでの大きな苦しみであるが、苦しみを苦しみとだけとらえていたのでは、生きる力が失われるから、誰もが平等に持つ生死というものを、どのように受け入れていくか、そこから本当に生きることができるのだと、たいへん大づかみではありますが、生きることの指針を説いたのが、仏教であります。

近年でこそ、仏教は葬式や墓など「死」にまつわることを扱うものだと思われがちですが、もともとは「どう生きるか」を説いている教えです。

身体の病気は、身体を形作る地・水・火・風の不調がもとだと、説いています。

さらに、ここからは現代人にはなかなか受容れがたいことですが、悪霊などのたたりと業の報いが身体を苦しめる原因の一つになるとも教えました。これを治す方法には、温泉・散薬・丸薬・酒・針・灸・まじない・いましめがあると申します。

「呪法のはたらきは一切の病いを治すことができる。世俗の医師が治すことができるのはただ身体の病いのみである」

そして、「病を愈《いや》すには会《かなら》ず薬方に処《よ》る」と述べています。

たとえ、原因が煩悩によるものだったり、悪霊によるものであったりする病気でも、傷ついた身体を癒す方法は、中国の医学書に書いてある通り、医薬によらねばならないと、お大師さまは説いています。

心の病を癒したら、身体が被った傷は医薬で回復させるのだと、はっきり説いたのです。

この考えは、現代にも十分通じるものだと、私は信じています。

どれほど教えを信奉しようとも、加持祈祷だけで身体の病いまで治そうとするのは間違いなのです。

私の寺には、日々たくさんの病気に苦しむ方たちが相談にやってきます。その多くが、不治の病いだと宣告された方たちです。私はその方たちと祈ります。そして、その多くが不治とされた状態から抜け出すのです。

「毒薬はたちまち薬になる」

こうしてお話しましても、なかなか信じてはいただけません。世の中には、治す力がないのに、加持によって病気を治すと宣伝して法外なお金を取り上げるニセ宗教家がいるので、本来の加持や仏さまの教えが正しく伝わらないきらいがあります。

私は、どんな病気の方でも、医師の治療は続けなさいと申します。加持は、さまざまな原因で低下している生命力を再生するお手伝いをするものです。病気になってしまったら医療によって身体の修復をします。仏さまにいただくのは、医療を生かす力なのです。

生命力が、病気と闘う力をもたらします。現代医学でいえば、免疫力にちかい発想だろうと考えています。お大師さまが「心の病」としたものの原因が、現代の最先端医学で解明されるものが出てくるのではないかと思うときもあります。

明日をも知れなかった病人が、突然に前向きになって、回復することもありますね。前途に生き甲斐や希望がなければ、生きようとする意志が希薄です。重病人でも、なんとしても生きたいと夢をもっていると、回復が早いこともあるのです。

それは「気のせい」でもなんでもない、心が煩悩から来る毒に冒されているのだから、この毒を取り除かないと、病気は治らないとお大師さまは教えました。

「無明忽ち明となり

毒薬たちまち薬となる」（『三昧耶戒序』）

無明とは、仏教の言葉で明るいものがないという、闇に迷っている状態のことです。私たちは、みな一寸先は闇の中を、手探りで生きています。

こうして、明るいところで生活していると忘れてしまいがちですが、本当は何も見えていない、闇の中で迷って、迷って生きているのです。そこに、仏さまの光を見つけられれば、その光に向かって歩いて、闇を抜け出すことができます。

「背暗向明」と言う教えもあります。闇に背を向けて、光に向かって進んで行くようにという教えであります。

この一節でお大師さまは、この世をあまねく照らしている仏さまの光を見つければ、闇だった世界がたちまちに光あふれる明るい世界になり、「毒薬はたちまち薬になる」というのです。

これは、私が申し上げるまでもなく、皆様がよくわかっておいでですね。分量や使い方を間違えれば、苦しみを取り除くはずの薬が苦しみのもとになってしまうのです。

まさに光と闇の関係であります。生命とは、光と闇とを併せ持つと、私は考えています。薬は、生命のはたらきと同じなのであります。

仏教の教えは、生老病死という、人間が持つ根源的な苦しみを、どう乗り越えるかについて教えています。

「無明」という言葉は、ただ明るさのない闇の状態だけではありません。私たちは、宇宙そのものである大日如来から分けていただいた生命によって、この地球に生まれたというのが、密教の教えです。

あなたも私も、本当は、みなみな仏さまなのです。それなのにどうも仏さまらしくない。どうしてだろうとたずねられます。

仏さまは、優しく強く正しい方でありますが、無限の生命力を持っています。このパワーを、心が曲がった者に使われますと、社会は混乱して多くの人々に被害が及びます。ですから、仏さまは、心の奥底に隠れているのです。

なんだか、お伽話のようだと思う方もおりましょうが、そうではありません。

「良心」というものを感じたことはありますね。チョッと悪いことをしてしまった後で、胸がチクリと痛むのが「良心」つまり仏さまの心です。悪事を働いても心が痛まないのは、ホコリが積もりすぎて、光が仏さまのところに届かないのです。

「無明」とは、このような、仏さまの光が見えなくなっている状態であります。

お大師さまは、この「無明」こそ病気の原因だと教えます。

「無明」を別の言葉に言い換えると、煩悩に苦しんでいることです。心に浮かぶ欲望とでもいいましょうか。もっと楽に暮したい、恋人の心を射止めたい、ライバルに勝ちたい、偉くなりたい……。みな煩悩の元になる思いです。

煩悩は、誰もが持っているものです。しかし、煩悩の持ち方を間違えると、病気になってしまうのだと、お大師さまは教えるのです。

煩悩を病気のもとにしてしまうのは、「もっと、もっとと貪る心」「自分の思い通りにならないと怒る心」「自分の思いがどのようなものなのかも判らない愚かさ」の三つだと教えてくれるのです。

この病を治すには、真言を唱えて瞑想し仏の教えを学ぶことだ、と説きました。

煩悩の数だけ覚りが得られる。そうも教えます。

煩悩とは、生命力の変形でもあります。これを悪玉だと糾弾して消し去ろうとすると、そのこだわりがかえって煩悩のもと、ますます苦しみは肥大化します。

欲望が心に芽生えたら、その欲望を受け入れて、よくよく見極める心を鍛えます。

欲望が、自分の心の器より大きくなるから暴れていると感じますが、心の器をもっと大きくすれば、欲望はすこしも邪魔にはなりません、わが心に納まって、かえって生きる原動力となるものです。

薬の効能は表裏一体でありますが、これは密教すべてに通じる教えであります。

鬼は、人間に禍いをもたらすものとして忌み嫌われますが、鬼をそのまま受け入れる深さを教えます。

あらゆるいのちを抱いて菩提に導くのが大日如来

『大日経開題』の、薬についての記述は、じつは仏さまの世界にいたる「秘密の記号」を知る者は少ないが、仏さまはすべての衆生を救おうとしているとします。

悪い奴も、弱い者も、みなそのまま受け入れて、仏さまの智慧と慈悲で包み込んで、道を知るようにしていくのです。

正しい者だけが、仏さまの道に入れるのではない、あらゆるいのちを抱いて、菩提に導くのが仏さま、大日如来なのだと、『大日経』は説いているのであります。

煩悩即菩提。これが究極の教えでありますが。お大師さまが説いたものを、後の世のたとえば親鸞上人などは学んで実践していったのだと、私は考えています。

「毒にも薬にもならない」よりは、毒を知って排除して薬とする智恵を、生命は与えられています。人類だけでなく、動物も植物も毒を征しながら、生き抜いてきました。コントロールさえすれば、薬となるからです。

制御する智慧こそ、仏さまが生きとし生けるものにあたえてくださった、生命の羅針盤であると、私は考えています。

人類は、知恵を働かせ、文明を築き、科学技術を発達させてきました。ついには、宇宙に飛び出して、あるいは遺伝子を研究して、謎に迫ろうとしています。

しかし、どのように発達した研究も技術も、これを動かすのは、人間であります。最後は人間の判断や力によって、社会がよくなるかどうか、決まるのです。

同じように、病人を治療するのも、最後は人間です。もっと突き詰めれば、病人の生きる意志であり、生命力であります。

どれほど便利になったり、技術が進んでも人間の心が、また、不条理や非合理性を作り出し、この社会を複雑にしているのです。

医療とは、病人と医療者と、そして仏さま、というのが、私の持論です。仏さまというのは、私が仏の道に帰依している僧侶だからのことで、宗教あるいは天然自然の環境と言い換えてもよいと思います。この三者の調和が取れて、初めて治療は成功するのだと、信じているのです。

医師は医学に基づく医療を施し、薬剤師は薬を生かして調合し、病人は病いと戦う意志を持ちます。

そして、この人間をとりまく自然のなかに、病いを癒すもう一つの大きな要素があるという信念が、私を支えてきました。

私にとっては、それが仏さまの教えです。医療と宗教は、原始には「癒し」という救済を行う、一体のものでした。

お大師さまの教えをたどれば、宗教の根本は、癒しにあると、私は考えています。

このごろは「癒し」という言葉が流行語のように使われていますが、本来は宗教者の究極の使命です。

「愚においては毒となり、智においては薬となる

かかるがゆえに『よく迷い、よくさとる』という」（『声字実相義』）

薬を愚かに使ってはならない、智慧として使うようにという、お大師さまの戒めを、最

後の言葉として、私は教えを守っています。

薬を智慧として用いるために

私は以前、日本予防医学会の理事長をしておりました。薬に頼る生活を少なくするために、しかし、ときに薬によって大病を未然に防ぐこともあるという「智慧」も視野にいれながら、研究者や医療現場の方々、さらには一般の方々とともに、道を探していこうとしていました。

これは、予防医学の領域を超えるものでありましょうが、私はいま、災害が起きたときの医療体制の整備を早急に進めていただきたいと願っています。

東日本大震災のとき、医療現場が津波に襲われ、原発災害の影響も大きなものでした。病院に入院している人だけでなく、高血圧や糖尿病など、薬によって日常生活を送っていられる人たちが、薬の不足によって病状が悪化するケースが少なくありませんでした。

「薬の自給自足」とは、飢饉や災害といった非常時対策、危機管理でもあったと考えられます。このほどの大震災で明らかになったように、これからの災害対策には、薬の「備蓄」をどうするのか、考えていくようになるでしょう。災害時の薬については、政府ももっとしっかり対策を立てておいてほしいものですね。

江戸時代の会津藩では藩主自らが、この「薬の自給自足」を考えて、薬草園をつくったことが知られています。江戸にも、薬草園がありました。これは、日常の医療活動だけでなく、災害時の備えでもあったのです。

徳川家康は、薬草を研究し、自ら薬草を調合して飲んでいたそうです。毒を盛られないよう用心していたのでしょう。昔の為政者は、薬についての知識を持ち、これをどのように活用したらよいかを考えていたようです。

現代の日本の政治家が、どれほど薬事行政を考えていることでしょうか。本当に、国民の健康に役立つ薬とはなにか。西洋医学だけではなく、もっともっと漢方などの活用を広げてほしいと思っています。薬を智慧として用いるために。

十二 祈りは届く

「大日経」の説く世界に時代が追いつきつつある

お大師さまが高野山を開いてから、まもなく千二百年を迎えます。

お大師さまが唐に行って密教の正統を受け継いで帰られてから、日本の仏教の土台がしっかりとできたといっても過言ではありません。比叡山の天台宗と高野山の真言宗によって、日本の仏教は広がりました。

真言密教の根本は、『大日経』にありますが、それでは、その経典はどのような内容なのかといえば、じつは全部を公開してきたわけではありません。

『大日経』七巻三十六品のうち、唯一公開が許されてきたのが、最初の第一品「口之疏」でありました。それ以外を「奥之疏」と呼んでいますが、その内容は、「時代を超え、その時代の常識では考えられない世界を説くもの」として、一般社会には誤解と不信と危険を招くとされたのでありました。

お大師さま以来、「面授」あるいは「講伝」として、阿闍梨にのみ伝承されてきました。その名は誰もが知っていながら、内容については公開されていない秘経であります。

それは一般の講義のような質問は、許されません。講伝の内容は広大にして深淵であり、自己の小さな分別の器を遥かに超えているので、己を空しうして、ひたすら全心身で聞く。後で生涯をかけて思案し、体得すべきだからであります。

お大師さまは、この経典が説く「大宇宙」と、一人ひとりの心つまり「小宇宙」とが響きあっている真理を、日本人が理解できる日が来ることを信じておられたと思いますが、それには歳月を要すると考えていたのでありましょう。

二十世紀以降、科学研究は急速に発展を遂げてきました。人類は宇宙へ飛び出し、あるいは人体を構成する遺伝子を解明し、さらには細胞を再生することも可能にしました。まさに、『大日経』が説く世界であり、時代が教えに追いつきつつあるのです。

その分野は物理学や医学にとどまりません。たとえば、西洋では深層心理・無意識の世界を、夢の心理的分析としてフロイトが説きました。一九〇〇年のことですが、『大日経』では七世紀にすでに、夢の内容を、弟子の深層心理を判定する重要な要素としていたのです。

『大日経』の主題は「実の如く自心を知る」（如実知自心）であります。

「あなたの心はどこに在るのか」、その色は、形はという、具体的な問いを突きつけるのが『大日経』であります。

「生きるとは、どういうことか」と、正面から自己と向き合うことによって、「生」も

「死」も少しずつ見えてくるのが、『大日経』なのであります。

遠くにあるのではない、近すぎて見えない自分の心というものは、無限の宇宙を知る入口であり、仏さまの世界へいざなう出発点なのです。我が心の探求が、仏さまの世界に至る、つまりは「発心」であります。

「この経に惣じて三本あり、一は法爾常恒の本、諸仏の曼荼羅これなり。二には分流の広本、龍猛の誦伝するところの十万頌これなり。三には略本、三千頌あり、頌文三千、経巻七軸なりといえども、然れどもなお略を以て広を摂し、小をもって多を持つ。一字のなかに無辺の義を含み、一点の内に塵教の理を呑めり」

『大日経開題』に、お大師さまは説きました。膨大な量の経典であり、略本であっても広大な教えが込められていると教えます。

内容の過多ではない、どこまで読み取ることができるのかによって、教えを受け取ることができるのです。あくまで、自分自身の心が問題であります。

祈りによってなぜ不治といわれた病気が治るのか

真言とは、無限の宇宙を短い言葉にこめて唱えます。梵字の一文字にそのパワーを込めるのであります。

私の寺では、阿字を意匠したシンボルマークを作っていますが、そこに護身のパワーがあると、信者さんたちは自分のクルマに貼ったり、身の周りのものに貼っています。まさに、「一点の内に塵教の理」を呑んでいるのかと、『大日経開題』のこの一節が私の胸に響きました。

論理では説明できない不思議な現象でありますが、見えない世界を感じる「心」によって現れるものだと考えています。

現代の科学者たちが、密教に惹かれています。湯川秀樹博士が高野山を訪れていたのも、宇宙の成り立ちを究めれば、そこに壮大な仏さまの世界があることを覚っておられたのだろうと、私は思っています。

二十一世紀に入ると、「心」とは何かが学問の分野で再び注目されるようになってきました。真言密教の「密」の部分を見直そうと考えている学者たちの動きがあるのです。学者たちが、とりわけ関心を寄せるのが、「加持」であります。祈りによって、不治とされた病気がなぜ治るのか、いまだ解明されてはいませんが、その事実を受け入れる医学者たちが増えています。

この二十年ほど、私は国立山口大学をはじめとして、医学部で講義をしてきました。そのきっかけとなったのは、一人の医学生との出会いでした。

あれは、昭和の終わり頃でした。ある日、突然に私の寺を訪ねてきて、「私にも修行させてください」と言ったのが、山口大学医学部の大学院生、荻野景規さんでした。

このとき、荻野さんは重い白血病に罹っていて、余命わずかと宣告を受けていました。心身ともに絶望のふちにあった状態でした。前途洋々だったはずの医学者への道がいきなり断たれようとしていたのです。荻野さんは奈落の底で、なんとか救われる道はないかと、あらゆる手立てを尽くしていました。

その苦悩の中で、私が昭和五十七年に出版した『密教の秘密』と出会って、鹿児島までやってきたのです。ワラをもつかむ思いだったのです。

私は、翌日から荻野さんを護摩行に参加させました。荻野さんは毎日二時間、弟子たちと並んで私の脇に座って、手や顔に火傷をしながら一生懸命、大声で真言を唱えました。

不思議なことに、行をしている間中、荻野さんの鼻から白い鼻汁が出続けていました。一週間が経ったとき、その鼻汁がピタリと止まりました。そして、荻野さんの表情や言動に生気が戻ってきたのです。荻野さん自身「気分がとても良くなりました」と言い、「また来ます」と山口へ帰っていきました。

数日後に山口から電話が入りました。

「先生、本当に元気になりました」

その力強く明るい声に、私は驚きました。最初に会ったときのことを思い出せば、同じ人物の声かと疑うほどで、いや、私自身がにわかに信じがたい変わりようだったのです。

同時に、荻野さんが熱い火の前で一心不乱に真言を唱えていた姿を思い起こして、仏さまにその心が通じたのだとうれしさがこみ上げてきました。

「よかったなあ」

私は、そう言って言葉が、喜びで震えていたのを、昨日のように思い出します。

しばらくすると、荻野さんは上司にあたる芳原達也教授を連れて寺にやって来ました。芳原教授も、荻野さんの重い白血病が護摩行に参加したことによって改善されたことを不思議に思い、護摩行に強い関心を持たれたようでした。

私は、芳原教授と荻野さんに、護摩行は免疫力を強くする効果があるのではないかと、いまでいう予防医学的な持論を述べました。また、医療には倫理が不可欠であり、仏教の心が必要ではないかと、私なりの医療に対する意見を述べたのです。

私の話をじっと聞いておられた芳原先生が、突然に言われました。

「今のお話を、うちの医学生にしてくれませんか」

そうして、私は医学生たちに「医の心」を講義するようになったのです。

本来、仏教は「生老病死」から解放される教えです。病気の癒しは、仏さまの教えの根幹をなしている、深い関係にあるのです。

荻野さんは、護摩行で取り戻した体力と気力で治療を続け、後に、山口大学助教授から金沢大学教授を経て、岡山大学教授になっておられます。

恐れない、信じて前へ進む勇気が成仏への道を開く

最近になって、代替医療の研究が進んできましたが、荻野さんと私の出会いは、その端緒の一つになったものでした。

私の加持だけでなく、ご自身で護摩行に参加することによって、仏さまの世界に無意識のうちに触れたことで、加持の効果がいっそう高まったのだと、私は思っています。

なぜ、現代の医学で治らない病気が、加持によって治るのでしょうか。加持とは、真言密教の修法の一つで、加持祈祷といわれるように、祈りと一体になっているものです。

私のところへおいでになる人たちの多くが現代の医療では治らないとされた病気で苦しんでいるのですが、ほとんどが霊障によるものなのです。きびしい行を重ねてきたおかげで、おいでになった人たちの「病根」が見えます。私に治せるものか、どうかを判断する

ことができるのです。

凶悪霊とは、成仏していない霊のことで、こうした霊にとりつかれますと、原因不明の病気で苦しんだり、トラブルに巻き込まれることがあります。

加持祈祷は、そうした霊を成仏させるための祈りだと、私は信じているのです。

「三密加持すれば速疾に顕る」

『即身成仏義』の教えです。

三密加持は、定められたカリキュラムにしたがい、真剣に「行」をやることによって自分のなかの超深層意識を完成化させ、目覚めさせて、宇宙と自分とを一体化させます。

それが即身成仏であり、思いもしなかった神秘体験につながるのです。

護摩行で、焼かれるかと思うほどの火炎を恐れず、永遠に続くかと思うほどの時間に全力でぶつかる、その勇気こそ即身成仏への道に欠かせない、生きる力そのものです。

恐れない、信じて前へ進む、困難があろうとも、壁があろうとも前へ進む勇気が、成仏への道を開くのです。

私ども行者にとって、究極の祈りは、やはり「加持」なのだと思います。我が生命をよりよく生かしたいと願う人たちのために、行者は祈りつづけ、遍満する御仏の力を、その人たちに分かつのです。

生命力が低下しているから、病気になったり、壁にぶつかったりするのです。誰もが持っている生命の力を、もう一度燃え上がらせるために、行者は加持をするのです。それが、『大日経』に説く即身成仏であり、「心の力」であります。

現代の日本人は「心の力」が弱まっていると、私は感じています。しばらく前から、心の再生を解いてきました。

道を求める志を持とう。心の再生は、まず求める心を自ら発見することに始まります。

菩提の世界は悪さえも善に変わる

仏教の教えから、この菩提心を説きますのは、『華厳経』です。そのなかに、「阿耨多羅三藐三菩提心」を発して、道を求め苦難の旅を続ける善財童子のお話があります。「阿耨多羅三藐三菩提心」とは、般若心経で皆さんも唱えている言葉ですが、究極の菩提心です。最高の菩提心を表すものです。

さて、この善財童子が善知識弥勒菩薩を尋ねました。菩薩は、困難な旅を続けて、はるばるやってきた童子をほめたたえ、百五十もの喩えをもって、菩提心を説きました。

菩提心とは、すべての種なのだと、菩薩は教えます。菩提心は良田であるとしますが、そのように良い表れだけでなく、「大嵐」だともします。それは、「一切世間に障碍」をなくするはたらきがあるからだ、と。あるいは盛んに燃える火でもあると言います。それは「一切邪見愛を焼く」ためのもの、だと教えるのです。

すべての仏さまの法と功徳があるだけ、菩提心の功徳がある、そして菩提心から菩薩の行の完全なものが生じ、すべての如来が生まれ出るからだと、説くのです。

生きとし生けるもののすべてが持つことが出来る、菩提心。そこからあらゆる「善」が生まれるのだと、説くのです。

善と悪とは別の物ではありません。表裏一体といいますか、善の裏に悪が潜んでいるのが、この世のならいです。

しかし、菩提の世界は善そのもの、もはや悪さえも善に変わってしまう世界です。心に本当の善が満ちるとき、菩提が成就するのです。

善と悪とを対立するものとしてとらえるのが、西洋の思想であります。悪は排除するものであり、戦うものでありますが、東洋の思想とりわけその源流からの考えを持つ密教では、悪をも包み込んで同化させてしまうと考えます。

いや、悪は善への出発点と考えてもいます。蓮の花が泥の養分を吸って、純白に咲く不思議は、その象徴といえる考えであります。

密教の源流、東南・南アジアを訪ねれば、混沌が渦巻く日常のなかで、人々が前へ前へとエネルギッシュに生きていく姿に囲まれますが、そこに密教誕生の原動力があるのかもしれません。

千二百年も前に、お大師さまは「心」についてたくさんの教えを説きました。

最近、脳学者たちが、心と脳との関係を研究しているそうです。

高齢化社会になって、痴呆症などの問題が多くなるにしたがい、脳の研究がさかんになっています。

それまで、脳細胞は一度死んだら再生しないとされていたのが、最近では、どうやら別のはたらきによって、脳のはたらきはつづくといわれるようになりました。

「識」は宇宙を構成する元素

さまざまなトレーニングが注目されて、ゲームなども登場して人気を呼んでいます。脳は何歳になっても鍛えれば、はたらきが再生されるということです。

そして、脳学者たちは、心は脳に在るのではないか、という説を考えているようです。

脳トレ流行のきっかけをつくった、川島隆太先生が、脳を鍛えるトレーニングが、どうしてこれほどのブームになったのかについてこんなことを言っておられました。
「モノではなく、自分自身に目が向くようになった。肉体に関する情報はいくらでもある。唯一欠けていたのが、自分自身の本体である心の器であるところの脳。これをいかに保つか、だったんでしょう」（『朝日新聞』平成十九年七月十四日付け）
私は、「自分自身の本体である心」という言葉に注目しました。その心の器を「脳」としているのです。
しかし、自分の本体は心であるという視点こそ、お大師さまが説いていたものでした。
「我すなはち心位に同なり」（『大日経』）
仏教が大切にする「心」とは何でしょう。心は識だと、お大師さまは説きます。
「体あるものは、まさに心識を含み、
心あるものは必ず仏性を具す」（「拾遺雑集」）
人間を人間たらしめているのが、前頭葉だといいますが、ここでは「抑制」という機能が働くのです。カッとなる怒りを抑える。暴力的になる行動を抑える。そんなはたらきを持つことができたから、人類はここまで生きて繁栄することができたのです。
むやみに力を浪費しないで、共に生きる道を学べば社会は落ち着いたものになりますが、弱肉強食の世ではいつも不安を抱えて生きねばなりません。

その恐れを鎮めるために「心の力」を浪費してしまうので、「識」のはたらきがなかなかできません。無心とは恐れのない心になることです。

この「心の力」を、現代科学が解き明かすことはできるでしょうか。できない、と私は考えています。そこに、お大師さまの教えを現代に説く意味があるのだと思っているのです。

現代科学では、再検証できるデータや同じことが別の場所、あるいは別の条件でできるかどうかを考えの基本とします。

しかし、心の力があることはまちがいありません。たとえば、応援する人が多いほど、スポーツマンはよい結果が出るようです。

心の探求は、「霊」の存在も受け容れる、生命の全体性にいたります。霊は、私たちの潜在意識ともいえるものであり、直観であり、あるいはユングの説く集合体意識のようなものと言ってもよいかと思います。そのような、深層心理のはたらきを、あるいは「霊」の存在を示すメッセージだととらえても間違いではないと、私は思うのであります。

お大師さまがあえて「識」を、宇宙を構成する元素としたのは、私たちの生命は見える存在だけではない、見えない存在があるのだと教えていたのです。

そして、見えない「識」こそが、じつは私たちの宇宙をコントロールするキーポイントなのではないかと、私はお大師さまの言葉をかみしめています。

六つの要素が溶け合い一つの宇宙をつくりあげている

密教は、宇宙を一つの御仏としてとらえます。六大は大日如来の身体であります。五大について、これはいつも申し上げていることですが、ここでおさらいをしておきましょう。

地と申しましても、大地そのものをさしているわけではありません。もっとおおまかなとらえ方であります。

地大は、大地が全てのものを載せて、その拠り所となるように、固く安定した性質を表します。固体であります。

水大は、すべてのものを清浄にして、万物を生育させるよう、柔軟性と復元力と生育力とをあらわします。流れて下降するもの、液体です。

火大は、すべてものを焼き尽くす激しさとともに温かさをもつものを象徴します。燃え上がり、上昇するものです。

風大は、一切を吹き飛ばす活動力とダイナミズムの象徴です。動くもの、気体を表しています。

空大は、時間と空間を超えた無限の広がりと包容力とを意味します。

つまり、宇宙すなわち御仏の身体は、固いもの、流れ落ちるもの、燃え上がるもの、動くもの、すべてを包み込む空間と、そしてあらゆるものを認識する精神とから成り立っているのです。

お大師さまは、この「識」を智とも覚とも心とも呼んでおります。

そして、この六大はバラバラに存在しているのではない、六つの要素がたがいに溶け合い、入り交じって一つの宇宙をつくりあげているのです。

「六大は無碍にして常に瑜伽なり」とは、むずかしい言葉ではありません。私たちの身体を考えていただけば、わかりましょう。

骨があり、内臓があり、皮膚があり、血液がながれ、エネルギーの燃焼があり、筋肉があり、気があり、空間があり、意識があり、脳細胞があり免疫機能があって、私たちの身体は生きています。どれ一つとして孤立した存在ではありません。

細胞の奥にある遺伝子から毛髪にいたるまで、身体はたがいに関係しあって存在しています。

「識」はまた、五大を感得する行者そのものでもあります。宇宙を認識する者が、宇宙を伝える者であり、この存在と五大とが溶け合うところに「即身」の意味があるのです。「識」は御仏の司令塔という意味より、御仏のはたらきを知ることを象徴していると考えたほうが、その本質をとらえることができると思います。

これが地である、これが水である、と宇宙を一つ一つ分析してみても、宇宙を理解したことにはなりません。

それぞれが、それぞれの個性を発揮しながら、互いに作用しあって一つのものを形成していることを実感したとき、はじめて宇宙というものの概念をとらえることができるのです。

煩悩の火を智慧の炎に変えることができるのが行

あらゆる生命は、個別の形では生きていけないのです。溶け合い、助け合い、入れ代わり合いながら存在していることを理解していただければ、「即身成仏」への第一歩がはじまります。

この世は、割り切れるものでもなければ、目に見える事象だけで解決できるものでもないのです。

蓮が泥濘から純白の花を咲かせるのは、混沌に中に生命のエネルギーがあるからです。「即身」とは、混沌であり、矛盾であり、不条理であるけれど、そのカオスのなかに、純白の花を咲かせるエネルギーを秘めているのです。

どうすれば、泥の中から真っ白な蓮の花を咲かせることができるのでしょうか。

それが、「行」なのだと、私は思っているのです。「即身」と現実の身体と、「成仏」という理想の世界を結ぶのが、「行」だと、最近になって感じるようになりました。

磨いても、磨いても、この世に生きていれば、煩悩を消すことはなかなか難しいものですが、その煩悩の火を智慧の炎に変えることができるのが、行なのです。煩悩の大きなエネルギーを、仏さまの力として生かすことができるのが、行であります。

「煩悩即菩提」と、お大師さまが教えるのは、行によって、つまり真剣な祈りによって到達する仏さまの世界なのです。

いま、生きているこの身のままで、即仏に成れるという教えは、密教のほかにはありません。永い永い生まれ変わりの時を経て、修行を積んで、人はようやく仏に成れる、というのが、顕教の教えです。

それを、いや、正しい修行によって、真理を会得できれば、たちどころに、いま、ここで、仏に成れるのだと、お大師さまは教えたのです。

お大師さまは、千二百年ほどの昔に生きた方ですが、本来ならば、仏さまの世界に去っていくものを、すべての人が成仏するまで、この世にとどまって、共に生き、支えようと誓われました。

現代ではとても信じられないという方もおられましょうが、私どもは「見えないお大師さま」のおかげを信じて、日々祈ります。

そして、たしかに、その「おかげ」によって、さまざまな悩みや苦しみから救われたと感じる人たち、あるいはお大師さまがおられることを、感じる人たちがいることも確かです。

私は、生涯を賭けて行者として生きてきました。祈りがしっかりと仏さまに通じることを、数々の体験から知っています。お大師さまの教えの言葉に込められた、見えない「おかげ」も感じ取れるようになりました。

そして、この究極の教えを、皆さんと共に考えてみたいと、ひもといたのでした。

光こそ生命

行とは何か。救いとは何か。この身のままで仏に成れるほどの行を積むように、とお大師さまは教えているのです。その厳しさを通って得た仏の力を、さらに多くの人たちの救済に使うように、とお大師さまは説いたのです。

加持とは、大日如来の大いなる慈悲と、衆生の信ずる心とを表す言葉である、まずはそう説きます。

太陽の光のような仏さまの力が、人々の心の水に映ってあらわれるのを「加」といい、真言密教の行者の心の水が、よくその仏さまの光を感じ取ることを「持」と名付けるのだと、教えます。

仏さまがみんなを救いたいという「大慈大悲」は、この宇宙のあらゆるところにあふれている光です。その光を受け取れるかどうかは、受け取るほうの心の状態で決まると教えています。

受け取るほうの心が、きれいで静かな水面のような状態ならば、その光を受けてキラキラと輝くことができる。この状態を「加」といいます。

行者は、この光を集め、いっそう輝きを強くする役割りで、これを「持」といいます。

行者は、光をキャッチするアンテナの役目ですから、いつも磨いていないと、光を受け取ることができません。それで、私たちは毎日毎日、きびしい行に明け暮れるのです。

加持とは、心身を清めた行者が仏さまと一体になって、その光を体内にくみ入れることです。大慈大悲とは「愛」といってもよいでしょう。その瞬間、行者は仏そのものとなります。これを「即身成仏」といいます。

自ら仏になった行者が祈ることによって、体内の御仏のエネルギーを病人に注いで、病気のもとを取り除くのです。

しかし、それはあくまで病気のもとになっていた霊の障りを取り除くのであって、病気そのものは医師が医学で治すものです。どんな病気も医学で治せるというのは、迷信であると思っています。同じく、加持祈祷によってすべての病気が治るというのも迷信です。

私は行によって、光こそ生命だと感じ取るようになりました。心に光を見つけることが、「発心」であり、その光を大きくすることによって、生きていくうえでの障害が消えていくことを、私は信者さんたちの体験を通して知りました。

その光とは、大日如来そのものであると、お大師さまは『大日経開題』で繰り返し説きます。

護摩行で燃え上がる炎は、その光をいっそう強く、心に燃え上がらせるものであると信じて、祈ります。

心の病いの原因はただ一つ「無明」だと、お大師さまは教えます。

加持とは、その闇で迷う心の道案内とでもいいましょうか、松明なのですね。御仏が用意している灯りを、行者と加持を受ける人とが、以心伝心のタイミングで、受け渡すことができれば、迷路から抜け出すことができるのです。

混沌、不思議のなかに真理の芽がある

光が私なのか、私が光なのか。行の間に、そう感じることがしばしばあって、私は「生命は光」と思うようになりました。そう思いながら、この言葉を読むと、「仏日」とは仏さまの光そのものであり、行者である私を通じて、加持を受ける人に注がれているのだと思えるのです。

光は、私たちが生きているこの空間に満ちています。見える光ばかりではありません。見えないけれど、仏さまの光は確かにあって私たちを包み、守ってくださっているのだと思えるのが、「信ずる心」であります。

かつて、私の父は、山に入り、あるいは護摩行をしました。不動真言や光明真言を唱えながら、千枚、二千枚の護摩木を焚きます。一回を一座といいますが、普通は一日に一座か二座つとめれば立派だといわれましたが、父は朝昼晩の三座を毎日つとめていました。

母の行は、読経と瞑想でした。母は、深夜十二時に起き出すと、本尊の不動明王の前に

座ります。そして朝六時まで経を唱えます。般若心経、観音経、不動経、釈摩経、毘沙門経、弁天経、理趣経の七巻を連続して七回づつ唱えます。

お経は、母にとって細胞の一つ一つが記憶している、呼吸と同じものだったと、思います。

「仏さまと真剣に向き合って祈れば、祈りは届く」

母の口癖でした。若き私は、本当かなぁと思いながら、しかし二十代後半から三十代にかけて、本当に拝みに拝みました。それは、母の教えが真実だと、心の底でわかっていたからです。

母から、「行者は座った姿そのものが説法だ」と教えられ、これも最初は違うと思いながら、しかし不動の姿勢を行だと母の教えに従って努力しました。声を出して真言を唱えて、経文を読み、仏さまの話をするのが説法だと思ったのです。

しかし、年を重ねるごとに、母の言葉の重みを理解できるようになりました。弟子にしてほしいと、国内国外を問わずに言ってくる人たちに、「なぜ、そう決心したのか」とたずねますと、皆ほとんどが「祈る姿に魅かれた」と答えます。

真言を唱えるのも経文を読むのも、お話をするのも、説法です。しかし、究極の説法とは、行者が全身全霊で祈る姿を伝えること、仏さまの教えとは、行者の存在そのものによって伝えるものだと、いうことがわかってきたのです。

仏さまに真剣に向き合う「覚悟」があれば不動の姿勢をとることができます。

祈っている形をしていても、雑念が浮かんでいますと、仏さまから心が離れて、目の前の灼熱から逃れたいという心理が勝って、腕や肩がブルブル震えてしまうのです。

苦痛から逃れるには「集中」しかありません。逃げるのではなく、立ち向かうことによって、暑さや苦しさの意識を追い払います。そして、護摩壇に上がったら絶対に動かないという恵観流が出来上がっていきました。

それは、そのまま、仏さまへの帰依の心の深まりを意味していたのです。

『大日経』を知ることは、お大師さまの教えを知ることであり、私たちの生命が心によって生かされていることを知ることであります。

膨大な経典を学ぶことは僧籍にあっても難しいところですが、せめてお大師さまの解説書である『大日経開題』の一部でも紹介できればと、お話をしてきました。

混沌、不思議のなかに真理の芽があることを、お伝えしたいと念じて終わります。

ありがとうございました。

〈新装版〉
弘法大師空海
「大日経開題」
仏の心を抱いて生きる

著　者　　池口恵観
発行者　　真船美保子
発行所　　KK ロングセラーズ
東京都新宿区高田馬場 4-4-18　〒 169-0075
電話（03） 5937-6803（代）　振替 00120-7-145737
http://www.kklong.co.jp

印刷・製本　大日本印刷（株）

落丁・乱丁はお取り替えいたします。
ISBN978-4-8454-2504-4　C0015
Printed In Japan 2023

本書は平成 26 年 6 月に出版した書籍を改訂したものです。